# 예술심리치료의
# 이해와 적용

소희정

*Understanding and Applying Arts Psychotherapy*

박영story

# 머리말

"괴물과 싸우는 자는 스스로 괴물이 되지 않도록 주의하라.
오랜 시간 심연을 들여다보면 심연 또한 그대를 들여다보리니."

니체의 "선악의 피안(Jenseits von Gut und Böse)" 제4장 146절에 나오는 말
이다. 「예술심리치료의 이해와 적용」 원고를 쓰고, 다듬고, 준비하는 과정에서
예고 없이 불쑥불쑥 나타나는 내 안의 '괴물(Ungeheuer)'과 끊임없이 마주하고
대응해야만 했다. 그 시간은 오롯이 나와의 만남이었기에 내면에서 나오는 원
고를 집필하는 것에 대한 어려움과 끊임없는 고민으로부터 도망치고 싶었고
때로는 숨고 싶었던 적도 있었다.

내가 '예술'을 처음 접했다고 기억되는 작품은 故추송웅 배우가 출연한
<빨간 피터의 고백>이다. 1인극인 모노드라마를 보는 내내 말로 형용할 수
없는 놀라움을 경험했다. 그저 인간의 언어를 익힌 원숭이의 진화로만 받아들
였던 이 작품이 실은 인간 실존에 대한 죽음과 희망을 내포하고 있고, 프란츠
카프카의 단편소설 <어느 학술원에 드리는 보고>를 각색한 작품이란 것도
나중에 알게 되었지만 인간존재에 대한 호기심과 탐구심을 깨워준 최초의 예
술 작품이었다.

인간은 자신만의 독특한 정신세계를 가지고 있고 그 세계는 예술의 바탕
이 된다. 예술심리치료는 영화, 미술, 무용, 연극 등의 예술과 관련된 매체를
활용하여 행복한 사람이 더 행복해질 수 있도록, 육체적·정신적 어려움을 겪
고 있는 사람들이 지금보다 더 건강하게 살아갈 수 있도록 돕는다. 인간내면
의 상처나 스트레스를 치유하는 것에 비언어적인 예술매체의 치료효과가 높

다는 것은 알려진지 오래되었다. 치유과정을 통해 얻어진 내면의 힘은 보다 긍정적인 삶을 살아가는 데 도움을 준다. 치료현장에서 사용되는 다양한 방식의 예술작업은 개개인이 가지고 있는 고유한 정신세계를 만나고 표현하도록 도움을 주고, 지친 마음을 어루만져주는 속깊은 위로가 되기도 한다. 작품 자체의 예술성보다는 직접적인 예술 체험의 과정을 통해 억압된 심리를 표출하게 되고 그 과정에서 진정한 욕구를 알게 된다. 수동적으로 치유하는 과정이 아니라 스스로 자신의 문제를 해결할 수 있는 자발적인 힘을 얻는 게 예술심리치료의 매력이라고 할 수 있다.

예술심리치료는 남녀노소를 막론하고 쉽고 자연스럽게 접근할 수 있는 치료이다. 이 책은 그 과정을 보다 쉽게 이해하고 활용할 수 있도록 구성되었다. 다양한 예술치료들의 이론과 현장에서 직접적인 체험을 통해 얻었던 기법들을 적용할 수 있게 했으며, 도서에 소개된 사례들은 저자가 심리상담가와 예술치료전문가로서 만났던 내담자들과 일반인들의 삶의 이야기이자 마음의 온도이다.

이 책이 예술심리치료를 전공하는 학생, 일선에서 예술심리치료를 실시하고 있는 치료사를 위한 교재로 활용할 수 있고 그 외 다양한 분야의 상담사, 교사, 사회복지사, 임상심리사 그리고 자신의 정서적 어려움을 조금이나마 해결하고자 하는 일반인에게도 도움이 되기를 바란다.

끝으로 언제나 나를 믿어주고 든든한 힘이 되어주는 가족에게 고마운 마음을 전하며, 이 책이 출간되도록 격려해준 박영스토리 노현 이사와 조보나 편집자에게도 감사의 마음을 전하고 싶다. 이 책과 함께하는 이들의 삶에 힘이 되어 지금보다 더 나은 삶을 살아가는 데 보탬이 되었으면 한다.

2018년 8월
소 희 정

# 차 례

## 제 3 부 | 사진치료

제1부

# 예술심리치료

제 1 장   예술심리치료

# 제1장

# 예술심리치료

## 1. 예술(Art)

　　예술이란, 어원상 그에 해당하는 그리스어가 모방 기술(mimētikē technē)이며, 라틴어가 기술(ars)이듯이, 본래 기술 · 기능과 동의어(동양의 경우도 마찬가지)로서, 넓게는 인간의 생산 · 제작 또는 연기 등의 재주나 기교를 가리킨다. 예술을 한마디로 정의하기는 어렵지만 Wittgenstein은 정의 자체를 부정하였고, Martin은 '기쁨'이라고 하였으며, Tolstoi는 '정서', Freud는 '욕구' 또는 '무의식', Dewey는 '경험의 표현' 등으로 정의하였다. 이처럼 예술은 학자마다 관점도 달라지고 다양한 것을 확인할 수 있다.

　　예술의 기원이나 개념은 안개 속에 가려져 있는 것 같이 느껴진다. 그 사이로 어렴풋이 전체를 추정할 뿐이다. 예술을 논하는 데에는 여러 각도와 접근법이 있다. 개념이 성립된 시기는 정확히 알 수 없으나 선사시대부터 예술이 인간의 생활에 밀접하게 연관된 기록들이 있다. 이 당시의 예술은 문화와 토착사회에 바탕을 둔 동시대 많은 사람들처럼 자연의 순환 속에서 인간 삶의 과정을 기념하고 애도하는 통합된 방법 안에서 사용하였다. 이후 플라톤과 아리스토텔레스의 시대로 들어오면서 본격적으로 예술의 개념이 정립된 시기로 보고 있는데 "예술이란 무엇인가?"라는 인식론적 차원의 질문은 예술의 개념이 성립된 이후 지금까지 지속적으로 반복되고 있다. 현재는 미술, 음악, 무용, 연극, 영화, 사진 등 넓은 '인간의 표현 활동'을 가리키는 말로 18세기에 와서야 비로소 지금 우리가 이해하고 있는 예술의 개념이 성립되었다. 이렇게 오랜 세월에 걸쳐 시도되었던 그 많은 정의에도 불구하고 아직 아무도 완벽한 답을 찾지는 못했다. 예술을 정의하기는 그만큼 어렵기 때문이다(Winner, 2004).

예술 행위가 인간의 생존에 절대적으로 필요한 것은 아니지만 우리가 알고 있는 모든 형태의 인간사회는 어떤 방식으로든 예술과 관련을 맺어왔다. 인간이 예술을 통해 추구한 것은 시대와 상황에 따라 다양했지만 크게 두 가지로 수렴된다.

첫째는 '일상적이지 않게, 특별하게 만들기'라는 외형적 행위이며(Dissanayake, 2009), 둘째는 '미적 체험'이라는 내재적 경험이다. '비일상성을 위해 특별하게 만들기'에서 기원한 예술은 일상성과 평범함을 벗어나 '주목을 끌고, 일상적이지 않은 특별한 감정을 일으키는 창조적인 것'이어야 했다. 이와 같이 특별한 어떤 것을 창조해내는 작업은 많은 인내와 노력 그리고 재능을 요구하는 일이었다. 이러한 미적 체험은 이 고통스러운 창조과정에 대한 일종의 보상이다. 그렇다면 예술을 치료적인 관점에서 연구하는 우리는 미적 체험이라는 보상의 실체에 대해 주목할 필요가 있다. 이 '미적 체험'이라는 보상의 실체는 구체적으로 무엇일까?

## 2. 예술과 인간

인류는 소리로부터는 음악을, 언어로부터는 시와 소설을, 표식으로부터는 그림과 조각 등을 만들어내며 그것에 예술이라는 이름을 붙였다. 그리고 이러한 인위적인 산물을 만들어내는 예술행위를 통해 그들이 속해 있는 사회 문화적 맥락 안에서 생존에 유리한 능력을 발전시켜왔다. 엘렌 디사나야케(1995)는 「호모 에스테티쿠스(Homo Aestheticus; 미학적 인간)」에서 예술이란 끊임없이 진화해 온 인간의 생물학적 본성이라는 관점을 제시하고 있다. '호모 에스테티쿠스'란 미를 추구하는 인간을 뜻하는 말로 예술은 문화의 산물이라기보다 인간의 보편행동으로 보고 인간은 선천적으로 미적이며, 예술적이라고 설명하고 있다. 즉, 예술은 인간생존에 필요해서 진화해왔던 행동처럼 우리가 장려하고 개발해야 할 필연적인 행동이며, 이를 개발하는 인간만이 도태되지 않을 것이라고 주장한다.

이러한 관점에서 본다면 인류의 종족 유지와 번성을 위해 필수적이었던 사랑, 소속감, 유대감과 같은 원초적인 요소에서부터 문명사회에서 종교, 정치 등의 문화적 가치의 구현에 이르기까지 인류의 진화과정에 연루된 예술의 기원과 역할은 매우 기능적이었다. 미학적으로 표현하고자 하는 욕망 또는 아름다움을 향유하고자 하는 욕망은 인간을 더 잘 생존하게 하는 유용한 감정의 메커니즘이었고, 이러한 특별화하기의 욕망이 가져온 예술행위는 미적 체험으로 이어진다.

## 1) 미적 체험으로서의 예술

우리가 예술작품을 감상하고 창조하는 과정에서 일어나는 심미적 경험으로 지적, 정서적, 실천적 측면을 모두 포함하는 경험의 총체이다. '미적'이라는 말은 협의로는 편견이나 고정관념으로부터 자유로운 주목, 즉 무관심성을 요구하면서 형식의 관조를 가리키는 말로 쓰여 왔지만, 넓은 의미에서 미적 경험은 예술 경험과 같은 뜻으로 쓰인다. '체험'은 주관성의 개념과 함께 대상을 가장 직접적으로 대하는 의미로 볼 수 있다.

브라우디(Broudy, H.)는 미적 체험은 사람들의 흥미를 유도하기 쉽고 상징화된 언어나 숫자에 의한 개념적인 사고가 아니라 직접적이고 직관적인 사고를 가능하게 하는 경험이므로 인식하고 판단하고 행동하는 것들의 근원적인 지각이나 감각작용이며, 상상에 의해 대상을 미적으로 재구성할 수 있는 힘을 가지고 있다고 하였다. 또한 미적 체험은 우리의 삶에 대하여 능동적으로 표현할 수 있게 해주며, 생동감 있고 강렬하게 느낄 수 있게 해준다.

인간은 아름다움을 보고 듣고 느끼는 경험을 통해 자기를 실현하고자 완전함으로 나아가려고 하는 의지의 길을 찾는 존재이다. 예술은 관념의 대상도 아니고 그 관념대로 아무런 자각 없이 나타나는 감각적 대상이 아니라 자신 안에 내재한 움직이는 표상의 주체다. 즉, 미적 체험을 통해 자신이 인격 주체로서 실존함을 인식하는 각성에 이르게 되며, 그로 인해 자신 속에서 앎을 일깨우게 되는 직접적 체험의 중심에 서게 되는 것이다. 인간은 다양한 미적 체험을 통해 자신의 취향, 성격, 감수성 등의 자각을 얻게 되며, 또한 자기 자신의 감정적 움직임이 세상으로 향할 때 어떠한 형태인지를 포착하고 자기 자신을 반성적으로 탐구하는 과정을 거치게 된다.

## 2) 미적 체험의 심리학적 접근

인류의 진화과정에서 적응적인 예술의 가치인 미적 체험은 현대 심리학에서 두 가지 다른 차원에서 분석된다. 하나는 프로이트의 카타르시스, 매슬로우의 자기성취를 통한 절정경험이다. 프로이트는 미적 체험을 무의식의 승화인 육체성의 변형으로 보았는데 「문화에서의 불안」에서 예술을 통한 미적 체험과 성적 감흥을 같은 경험으로 간주한다. 숭고한 예술과 동물적인 본능의 성은 음지와 양지, 육체와 정신 같은 대립적인 개념이었으나 프로이트는 예술을 잘 포장된 성욕으로, 미적 체험을 성적쾌락과 동일시하였다. 한편 매슬로우는 미적 체험을 절정체험으로 인한 의식의 부재에서 영적 조우를 통해 자연과 통합된 자아로 해석하는데 그는 예술을 통한 절정체험을 인간 욕구 단계의 최고 상태인 자기 성취(self-actualization)를 넘어 자기 초월(self-transcendence) 단계의 경험으로 간주한다.

예술심리치료에서 정화의 미적 체험과 성취의 미적 체험은 다음과 같이 분류될 수 있다.

• 자기 표현의 특별화

억눌리고 소외된 감정의 조각들을 예술적 탐색을 통해 표현하는 과정으로, 진정한 자기 표현의 특별화를 통한 감정의 카타르시스 차원

• 자기 가치의 특별화

표현의 특별화 과정에서 명료화된 내용들을 아름답게 표현하고자 하는 의지와 기술 연마 노력을 통해 타인의 인정과 자기성취라는 고차원적 욕망을 충족함으로써 자기 가치의 특별화를 경험하는 차원

## 3. 예술치료

### 1) 치료(Therapy)

치료, 즉 'therapy'는 의학적 처치를 뜻하는 그리스의 'therapein', 즉 '참석하다', '돕다' 또는 '취급하다'의 의미로 정의된다. 그러나 일반적인 개념으로서의 치료란 의사가 행하는 의술(medical treatment)이 아닌 테라피(therapy)의 개념이며, 사전적 의미는 약물이나 수술을 이용하지 않고 정신적, 신체적 질병을 치료한다는 의미이다. 다시 말해 치료는 치료 대상자의 건강상태가 부조화에서 조화로운 상태로 이동한다는 것을 의미한다. 이는 대상과 그 목표가 특정한 병의 유무가 아니라 사람의 행동이나 심리상태 변화에 초점을 두고 있기 때문에 증상의 완화 내지는 내담자의 행동 수정 및 변화를 말하며, 일반 의학에서 말하는 치료처럼 증상이 완전히 사라지는 것을 의미하지 않는다.

고대부터 예술과 의료는 그 기초적인 부분에서 밀접한 불가분의 관계이고, 오히려 뿌리가 같은 것으로 생각하고 있었다. 그러나 시대의 추이와 더불어 의료적 기술이 진보, 발전할수록 과학과 예술의 쌍방의 격차가 크게 나타나 예술은 문화에 속하고 의학은 과학에 속한다는 생각으로, 전혀 다른 개별로서 파악되었던 시대가 있었다. 그러나 그 후, 정신의학, 심리학 영역에서 회화, 음악, 무용 등의 현장치료에 관심을 가지게 되었다. 표현이나 창조에의 욕구와 그 메커니즘의 관련, 천재론, 꿈 분석 등의 연구와 함께 병리학, 창조성, 신체론의 연구를 통하여 회화나 조형, 시(詩)나 무용 등의 활동이 인간의 심적 동요와 신체의 영위에 깊은 관련이 있고, 밀접한 불가분의 관계라는 것으로 인식되어져 왔다. 게다가 그것들은 생명 활동이나 생명 감정에 있어서 없어서는 안 되는 기능의 일부를 이루고 있다는 인식 하에 예술심리치료는 발전되어 왔다고 말할 수 있으며, 오늘날 심리치료의 중요한 영역을 차지하고 있다(이근매, 2008). 예술치료학교는 독일의 여의사인 마가레테 하우쉬카(1896~1980) 박사가 1962년 바트 볼에 예술치료학교를 창설하면서 인지학의 의학적 관점과 예술적 관점을 연결한 예술치료사 직업을 최초로 탄생시킨 이래 세계 여러 나라에서 예술치료가 성행하고 있다(Keyes, 1983).

Atkins과 Willwams(2007)는 심상, 스토리텔링, 무용, 음악, 연극, 시, 동작,

꿈 작업과 시각예술을 통합적으로 사용하여 인간의 성장, 발달, 치유를 촉진
하는 시술을 예술심리치료로 정의하고 있다. 이 정의는 예술심리치료의 목적
이 개인의 성장 발달과 치유촉진이며 예술심리치료 대상이 특별한 사람만이
아닌 모든 개인들임을 강조하고 있고, Jones(2005)는 예술심리치료를 미술치
료, 음악치료, 무용동작치료, 드라마치료의 각각을 지칭하는 것일 뿐만 아니라
동시에 이 모든 분야 전체를 아우르는 통합적 명칭이라 하였다.

NCCATA(National Coalition of Creative Arts Therapies Associations, 2007)에서
는 건강, 의사소통, 표현을 촉진시키기 위해 치료, 재활, 지역사회, 교육장면에
서 의도적인 중재에서 신체적, 정서적, 인지적, 사회적 기능의 통합을 촉진하
고 자의식을 향상시키고 변화를 촉진시키기 위하여 사용하는 예술양식과 창
의적 과정으로 정의하였다. 즉, 예술심리치료는 각종 예술매체를 활용한 심신
치료 활동이면서 심신의 성장과 발달을 목표로 하는 치료 예술 활동으로 정의
할 수 있을 것이다.

## 2) 심리(心理)

사전적 의미에서의 심리는 마음 심(心), 다스릴 리(理), 마음을 다스린다는
뜻이다. 사물의 법칙인 물리(物理)는 고유의 성격이 있어 예외가 나타나지 않
는 반면 사람 마음의 법칙인 심리(心理)는 사람마다 느끼는 온도가 다른 것처
럼 예외가 존재한다. 같은 온도의 목욕물에 대해 사람들마다 뜨겁거나, 미지
근하다고 할 수 있다. 즉, 심리는 모든 사람에게 똑같이 적용되는 법칙이 아니
다. 일반적으로 인식하는 심리나 심리학의 모습은 이미지(image)라고 할 수 있
다. 이미지란 '기억이나 상상, 또는 외적 자극 때문에 의식의 표면에 나타난
직관적인 표상이다. 즉, 과거의 경험이나 산물뿐 아니라, 아직 경험하지 못했
지만, 경험했음직한 그럴듯한 세계를 그려내는 일을 모두 포함한다. '이미지'
라는 용어를 처음 사용한 리프만(Lippmann, 1922)에 따르면, 인간이 어떤 대상
에 대해 갖는 감각적 영상을 의미하는 것으로, 비가시적인 세계에 대한 신뢰
할 만한 관념적 그림을 자기 머릿속에 그리는 것을 '이미지'라 한다. 또 다른
표현으로 이미지는 어떤 대상에 대해 개인이 가진 믿음(belief), 생각(idea),
인상(impression)을 의미한다(Kotler, 1997). 따라서 이미지란 어떤 사람이 과거
에 겪은 경험의 종합적인 결과로 생겨났다고 믿는다. 이렇게 생겨난 이미지는

바로 개인의 행동에 직접적인 영향을 미친다(Boulding, 1958). 즉, 인간은 '진실, 실체'에 대해서 반응하는 것이 아니라 자신이 주관적으로 '진실이라고 믿는 것'에 대해서 반응한다는 것이다. 결국, 마음이나 심리, 심리학에 대한 이미지란 대중이 일상에서 가지고 있는 심리와 심리학에 대해서 형성하고 있는 믿음과 생각, 인상을 알아본다는 것이다. 심리학에 대한 지식이 없더라도, 개인이 심리학에 대하여 가지고 있는 이미지는 개인이 믿고 있는 심리와 심리학의 모습을 드러낸다고 볼 수 있다.

### 3) 치료적 도구로서의 예술: 영화 〈시저는 죽어야 한다〉

미술치료사 캐시 말카오디(Cathy A. Malchiodi)는 "치유로서의 미술작품 제작을 통하여 압도적인 감정이나 위기, 정신적 외상으로부터 구원을 얻고, 자신에 대한 통찰력을 갖게 될 뿐만 아니라 개인적인 변화를 경험할 수 있다."고 하였다. 이처럼 치료로서의 예술은 억압되어있는 몸을 이완시켜주고 긴장을 풀게 하며, 집착하고 있는 것에서 자유로움을 느끼게 하고, 마음속에 감추어진 것들을 가시화할 뿐만 아니라 말로 옮기는 것이 어렵거나 불가능한 생각들을 표현하게 하는 등 치유적인 힘을 내재하고 있다. 또한, 치료로서의 예술은 삶의 질을 향상시킬 뿐만 아니라 통증, 피로 및 스트레스를 줄이고 개인의 성장, 통찰, 변환을 위해 비언어적인 예술을 사용하는 것 자체가 치료적이다. 예술치료는 예술 과정에서 일어난다. 자신이 주도적으로 스스로 하는 행위를 통해 스스로 성장해나가고 창의적인 활동을 경험해봄으로써 스스로 설 수 있으며 건강한 통합 상태가 된다.

예술치료에서의 예술의 의미를 심리학적으로 살펴보면, "art란 환상세계와 현실세계를 잇는 가교 역할을 하며 창작을 통하여 환상세계를 현실세계로 구체화시키는 것에서 그 길을 발견할 수 있다고 프로이트는 말했다. 이러한 창작활동은 무의식세계라고 할 수 있는 심리세계에 유배되어 있는 마음의 갈등과 좌절감을 갖게 한 요소들을 표현함으로써 오는 해방감과 고통의 경감이 가능하게끔 하는 것"이다. Nathan & Mirviss(2011)는 예술치료에서 예술은 작품이 외부 상황의 묘사보다는 한 개인의 정신에 뿌리를 둔 살아 있는 창조적 과정의 소산이라는 것에 중점을 둔다고 하고 있다. 이 창조적 과정은 행위 중 발생하는 다양하고도 긍정적인 힘에 기인하는 것으로, 스스로가 창조한 작품에서 만족감을 얻게 되면서 치료적 과정이 시작될 수 있다.

영화 〈시저는 죽어야 한다〉 중에서

　　영화 <시저는 죽어야 한다>에서 치료적 도구로서의 예술이 무엇을 의
미하는지 그 과정을 확인할 수 있다. 이 영화는 타비아니 형제가 감독한 것으
로 로마 레비비아 교도소의 재소자 교화프로그램의 일환으로 연극을 하는 과
정을 그려내고 있다. 그들이 연극무대에 올릴 영화는 셰익스피어의 <줄리어
스 시저>였다. 이 영화는 6개월의 준비과정과 22일 동안의 촬영기간 동안 마
약, 살인 등으로 종신형, 십년 이상의 형을 선고받고 복역 중인 실제 재소자들
이 오디션을 보고 연극을 준비하는 과정을 영화적 장치를 통해 그대로 보여주
고 있다. 픽션이 아니라 실제 재소자들이 연극을 준비하며 심리적으로 변화하
는 과정을 카메라로 관찰하는 다큐형식을 차용했지만 한편으로는 수감자들에
게 자신의 지역 방언을 그대로 사용하게 하거나 연기에 자율성을 부여함으로

써 이들의 변화를 이끌어내는데 직접적으로 개입하고 있다. 이는 수감자들에게 스스로 캐릭터를 이해하고 해석하며 표현할 수 있는 예술적 자유를 허용한 것으로 이전에 경험해보지 못한 새로운 예술적 체험을 하게 된다. 또한 마침 극장이 공사 중이라 교도소 내에서 연습할 수 밖에 없었던 상황은 연극과 현실이 중첩되면서 수감자들이 역할에 완전히 몰입할 수 있는 환경을 구성하였다.

그들이 연극연습을 하고 몰입하면서 시저가 되고, 브루투스가 되고, 감옥은 공화정시대의 로마가 된다. 시저 역을 맡은 수감자는 교도소 내부에서 연습하면서 점차 시저에 동화되어 실제 로마황제처럼 거만한 눈빛과 위풍당당한 태도로 변해간다. 브루투스와 카시우스 역의 수감자 역시 진짜 그들로 동화되어 은밀히 이야기를 나누며 캐릭터에 몰입(flow)한다. 수감자들은 권력과 야심, 음모의 세계 속에서 연극 속의 나, 현실 속의 나, 과거 시간 속의 나를 동시에 만나게 된다. 그들은 연기를 하면서 극에 몰입하게 되고 극중 인물들이 느끼는 고뇌, 욕망, 기쁨 등을 생동감 있게 자각하게 된다. 이들은 처음으로 예술적 표현의 자유를 느끼고 카타르시스를 경험하게 되면서 자신들이 과거 스스럼없이 범했던 행동들을 돌아보며 자기 자신과 정면으로 마주하게 된다. 이런 미적 체험과정을 통해 그들은 '내가 누구인지'에 대한 실존적 고민을 하기 시작했다.

이들이 미적 체험을 통해 "나는 누구인가?"라는 질문을 스스로에게 던질 수 있게 된 것은 「유고」에서 표명되는 니체의 후기 예술관과 맥을 같이 한다. 니체는 "철학이 무엇인가?"라는 질문은 철학의 자기 자신에 대한 반성적 사유를 촉구하는 질문이라고 하면서 이 질문에 대해 하나의 완결된 정의를 제시하지 않는다. 하지만 후기의 사유에는 그 자신이 철학하는 방식을 토대로 철학은 해석적—예술 활동이고 철학은 진리의 발견이 아니라 삶의 실천으로 정의하고 있다. 이런 의미세계를 창조하는 해석을 니체는 예술이라고 불렀다. 니체의 예술개념은 예술가의 활동이나 그것에서 비롯된 예술작품의 산출이라는 협의적 제한을 넘어서서, 예술을 인지적 활동으로 이해하는 고차적 예술개념이라고 할 수 있다.

결국 연극 상영을 마치고 각자의 방으로 다시 수감되는데 종신형으로 수감된 카시우스역의 코시모는 이렇게 독백한다.

"예술을 알고 나니 이 작은 방이 감옥이 되었구나."

그는 연극연습 중에 일렁이는 변화에 제일 무덤덤하게 반응했던 인물이다. 변화를 통한 희망을 발견하기엔 실제로 종신형이라는 무게가 너무 무거웠을지도 모른다. 하지만 그들이 6개월 동안 체험했던 예술적 체험은 종신형 수감자마저 변화시킬 만큼 강렬했던 것 같다. 영화는 엔딩 크레딧을 통해 부루투스 역의 수감자가 출소 이후 배우로 활동하고 있다는 것, 코시모도 종신형이라는 무망감(無望感)을 떨쳐내고 자서전을 출간한 사실을 보여준다. 비록 연극에 참여한 모든 재소자들의 극적인 변화를 이끌어낼 수는 없었지만, 예술이 개인의 삶을 변화시키고 자신이 원하는 삶의 방향 쪽으로 인도하는 바탕이 된다는 것을 확인할 수 있었다. 예술심리치료에서 미적 체험의 치료적 함의는 예술의 원래 기능이 그랬던 것처럼 '표현의 특별화', '가치의 특별화'를 통해 적응적 인간으로 변화하게 하는 것으로 볼 수 있다.

### 4) 치료에서의 예술(Art in Therapy)

교육과 치료의 두 관점으로 구분할 수 있다.

• 교육에서의 예술
- 목적을 위한 과정과 내용을 중시한다.
- 미학적 결과를 추구한다.
- 평가와 작가의 주관적인 만족감이 중요하며 예술 전문가로서의 훈련 과정 및 능력을 강조할 수 있다.
- 내적 표현을 위한 자기 통제 및 인내를 통한 통합적인 작업 과정이다.
- 깊이 있는 내면의 표현을 위해서는 작가의 기술, 상상, 창의성, 정서적 노력이 요구된다.

• 치료에서의 예술
- 목적을 포함한 과정 전체가 모두 중요한 통합 과정이다.
- 미학적 결과가 그리 중요하지 않으며 작품을 평가하는 것은 지양한다.
- 언어보다는 예술로서 자신에게 일어나는 내적 욕망이나 꿈, 환상을 직접적으로

표현하도록 한다.

- 방어와 주지화하는 내담자에게 용기를 갖도록 지지하고 격려한다.
- 예술 경험과 작품이 내담자의 내면 통찰의 기초를 형성한다.

## 4. 예술치료의 특성

### 1) 예술 감상 및 체험을 통해 창조적 경험을 즐길 수 있다

사회 문화적 관점의 인간관을 주장했던 심리학자인 아들러(Adler)는 "창조성은 열등감을 극복하기 위해 우월과 완전을 성취하려는 인간의 욕구에서 나온다."고 했다. 또한, 미국의 심리학자 칼 로저스(Carl Rogers)는 「인간이 되기 위하여」에서 "창조성의 주요 원천은 심리치료에서 치유적인 힘만큼이나 깊은 곳에서 발견되는 경향이 있다. 즉 자아를 실현하려는 경향이 그의 잠재력 안에 있다."고 하였다. 다양한 예술매체를 감상에서 그치지 않고 직, 간접적인 체험을 해봄으로써 창조적 경험을 즐길 수 있다.

### 2) 비언어적인 접근 방법을 통해 자기 개방이 자연스럽게 이루어지고 무의식에 접근이 용이하다

언어적으로 표현되기 어렵거나 억압된 감정들을 예술 활동을 통해 변화해간다. 그 과정 중에 스스로 자각하고 인지해봄으로써 자기 이해 및 자기 직면과 내적 성장을 할 수 있다.

성장과정 심리이론가들에 의하면 유아의 첫 3년 동안에 평생을 좌우할 성격 특징이 형성되고 또 심리적인 문제의 요인도 이 기간의 경험에 기인한다고 한다. 이러한 성장과정 심리이론이 예술치료에서 중요한 점은, 생애 첫 3년 동안에 유아가 가지는 경험이 언어를 구사하지 못하는 상태(pre-verbal stage)에서 얻어진 원초적인 차원의 경험이기 때문에 비언어 차원, 즉, 예술을 통한 내면표현을 통해서만 접근이 가능하다는 것이다. 따라서 무용치료, 음악치료, 미술치료, 연극치료 등은 이러한 비언어차원의 단계에서의 경험, 즉, 감각(sensory level), 상징적인 동작(motor level), 운동감각(Kinesthetic level), 색상 및 문양(symbolic level)을 이용한 치료방법인 만큼 비언어차원에서 기인되는 심리적인 문제와의 접근이 용이하다고 볼 수 있다.

### 3) 억압된 감정을 표출해봄으로써 카타르시스를 경험하게 된다

카타르시스는 그리스어로 정화를 의미할 뿐만 아니라 배설의 의미도 있
다. 영화나 연극을 관람하면서 극 중의 인물들을 동일시하면서 눈물을 흘리게
된다. 눈물은 관객을 진정시키고 그것으로 인해 치료됨을 상징한다고 할 수
있다. 또한, 개인의 내면에 쌓여있던 억압된 감정이나 방어기제를 예술치료를
통해 표출해봄으로써 카타르시스를 경험하게 된다. 그 과정에서 방어기제의
벽을 허물고 정서적 반응을 인지적으로 성찰하게 된다.

### 4) 예술치료는 창작예술을 통한 심리치료라고 볼 수 있다

예술은 사회에서 받아들여지는 형태 안에서는 충족되지 않는 무의식적
욕구들에 대한 대리 환상을 만족시켜 주는 역할을 하며, 무의식적인 소재를
취하고 그것을 상징으로 표현한다.

# ● 참고문헌

곽현주 (2013). 예술치료 효과에 대한 메타회귀분석 −음악치료, 미술치료, 무용동작치
　　료, 통합예술치료를 중심으로−. 충북대학교 대학원, 문학박사학위논문.
김진숙 (1993). 「예술심리치료의 이론과 실제」. 중앙적성.
이명옥 (2015). 대중이 그리는 심리와 심리학 이미지 탐색: 2015 한국 심리학의 정체성
　　탐색. 연세대학교 대학원, 석사학위논문.
Atkins, S. et al. (2003). 「Expressive Arts Therapy」, 최애나 · 이병국 역 (2008). 「통합적
　　표현예술치료 예술과 삶의 창조적 과정」. 푸른솔.
Dissanayake, E. 김한영 역 (2009). 「미학적 인간」. 예담.
Freud, S. 강영계 역 (2008). 「문화에서의 불안」. 지안지.
Keyes, M. F. (1983). 「Inwardjourney: Artastherapy」. LaSalle, IL: OpenCourt.

# 제2부

# 영화치료

# Intro

 1895년 12월 28일, 프랑스 파리 그랑 카페의 지하에서 최초의 영화가 상영되었다. 1프랑의 입장료를 낸 수십 명의 사람이 모였다. 조명이 꺼지고 전방의 하얀 막에 흑백 영상이 비치기 시작하자 사람들은 경악을 하였다. 현실에서 봤던 기차가 사진 속으로 들어와서는 움직이는 기상천외한 장면이 펼쳐졌기 때문이다. 일부 사람들은 진짜 기차가 자신에게 다가오는 줄 알고 밖으로 도망치기도 했다.

〈열차의 도착 L'Arrivée d'un Train en Gare de la Ciotat〉

 사람들이 카페에서 처음으로 경험한 것은 '시네마토그래프(Cinematographe)' 장비를 통해 비친 영화 '시오타 역에 도착하는 기차'였다. 영화 〈열차의 도착〉은 아무런 스토리도 없이 단순히 열차가 도착하는 장면만 보여주는 것에 불과했지만 19세기 후반의 사람들에게는 충격 그 자체였다.

> Q. 현재 알려진 최초의 영화는 1895년 뤼미에르(Lumiere) 형제로 알려져 있다. 이때 두 형제는 사람들에게 '영화'가 아닌 '움직이는 사진'이라고 소개하였다. 왜 영화라고 하지 않고 움직이는 사진이라고 했을까?

# 제1장

# 영화치료의 이해

## 1. 영화의 발명

### 1) 영화의 발명

1895년 프랑스에서 뤼미에르(Lumiere) 형제가 '움직이는 사진'이라며 세계 최초로 '영화'를 상영했다.

이 두 형제는 오귀스트 마리 루이 니콜라 뤼미에르(Auguste Marie Louis Nicholas Lumière, 1862.10.19.~1954.4.10), 루이 장 뤼미에르(Louis Jean Lumière, 1864.10.5.~1948.6.6)이다.

〈뤼미에르 형제〉

　　기계 제작자인 동시에 제작·흥행·배급 등 현재의 영화제작 보급형태의 선구적 역할을 한 영화의 시조라고 할 수 있다. 시네마토그래프를 발명하여 처음으로 영화를 찍었는데 아버지인 샤를 앙투안 뤼미에르(1840~1911)는 화가였다가 사진가로 전업하게 된다. 뤼미에르 형제가 최초의 영화를 상영할 수 있었던 근본적인 계기는 아버지의 영향이 크다고 볼 수 있다. 사진술에 대한 영향을 자연스럽게 받으며 지내왔고 영화는 '사진술의 발달'이후에 가능했기 때문이다. 샤를 뤼미에르는 두 형제가 태어나기 전인 1860년부터 이미 사진회사를 시작했고, 그 후에 형은 경영자로, 동생은 기술자로 일하게 된다. 이 두 형제는 예술적인 감수성과 호기심이 많았으며, 학교에서 배우는 과목 중에서 과학 과목에 두각을 나타내기도 했다. 특히 형인 오귀스트 뤼미에르는 생화학과 의학 분야, 동생인 루이 뤼미에르는 물리학에 관심이 많았다. 아버지가 운영하는 곳에서 루이는 기술자로, 오귀스트 뤼미에르는 경영자로 일했다. 뤼미에르 형제는 카메라 안에서 필름을 감는 시스템을 개발하였고 1895년 초에 카메라, 인화 기계, 영사기 역할을 가능케 하는 작은 기계 '시네마토그래프'의 특허를 냈다.

〈공장 문을 나서는 노동자들 Sortie des Usines Lumière à Lyon〉

　　공장에서 퇴근하는 노동자나, 기차역에 도착하는 기차 등을 찍은 최초의 영화는 주인공도, 줄거리도 없는 밋밋한 영상이었지만 그 당시 사람들에겐 충격 그 자체였다. 움직임이 있는 이미지를 처음 본데다, 재상영을 통해 삶의 모습이 다시 한 번 반복될 수 있고, 이 기록이 반영구적이라는 사실에 죽음이라는 불멸의 적을 이긴 것 같은 감흥을 주었다. 1895년 12월 28일, 프랑스의 한 카페에서 뤼미에르 형제는 자신들이 만든 작품을 영화사인 고몽을 통하여 사람들에게 보여 준다. 엄청난 인기를 끌었던 영화는 다음 해인 1896년에 베를린, 런던 등 유럽 주요 도시에 상영되었다.

### 2) 에디슨의 '키네마토스코프(Kinetoscope)'

최초의 영화는 뤼미에르 형제보다 먼저 이름을 거론한다면 '에디슨'이라고 말할 수 있다. 1893년에 이미 에디슨이 움직이는 사람들의 영상을 보여줄 수 있는 키네마토스코프(Kinetoscope)를 만들었기 때문이다. 그런데 이 키네마토스코프의 문제점은 너무 무겁고, 혼자서만 볼 수 있는 장치였다. 에디슨의 키네마토스코프를 개선해서 1894년 2월 13일 키네마토스코프 특허를 획득한 뒤, 루이 뤼미에르가 노동자들이 공장을 떠나는 장면을 촬영하였다. 그 후 1895년 12월 28일 뤼미에르 형제는 파리 그랑 카페에서 최초의 영화 상영회를 하였다. 이때 10편의 영화(활동사진)가 상영되는데 그 중 한편이 '기차의 도착'이다.

〈키네마토스코프(Kinetoscope)〉

## 2. 영화치료의 정의 & 역사

### 1) 영화치료의 정의

영화치료의 선구자인 비르기트 볼츠(Birgit Wolz)는 영화치료(cinema therapy)란 개인적 치유와 변화를 위해 영화를 의식적으로 관람하고, 치료적이거나 의식을 높이는 연습을 병행하는 것이라고 하였다.

일반적으로 영화치료는 상담 및 교육현장에서 영화를 활용하는 것으로, 영화 텍스트의 상호작용을 통해 자신의 내면을 탐색할 수 있도록 돕는다. 그리고 자신과 타인에 대한 정서적 통찰, 인지적 사고, 행동의 변화 등을 알아차리고 깨우치는 적극적 의미의 과정이다.

최초의 영화가 상영이 된 지 거의 100년이 지난 1990년대 초부터 영화치료(cinema therapy) 용어를 사용하게 되었다. 이 시기부터 우리는 영화를 보려고 굳이 극장에 가지 않아도 집에서 비디오를 대여해서 볼 수 있는 시대가 열렸다. 그 후 급속도로 발전한 산업과 기술적인 발달로 인해 영화는 이동하면서도 감상할 수 있고, 언제, 어느 곳에서나 볼 수 있는 시대로 변화되어 왔다.

### 2) 영화치료의 역사

영화치료는 90년대 초반 미국의 사회복지, 간호, 임상심리 전문가들이 집단 상담이나 부부 상담 등에 영화를 활용하는 방법을 모색하면서부터 태동되었다. 내담자들의 심리치료를 위한 '영화치료(movie therapy; cinema therapy; film therapy)'의 선구자인 미국 Northridge Hospital Medical Center의 월터 제이콥스(Walter E. Jacobson)는 코넬 대학교(Cornell University)에서 심리학을 전공하였고, 1977년 위스콘신 의대(University of Wisconsin)를 졸업하였다. 월터 제이콥스는 영화치료를 통해 내담자들이 영화 속 인물과 자신을 동일시하면서 비슷한 상황을 이해하고 극복하였다고 경험을 말하였다.

그는 상담을 통해 내담자의 심리상태를 파악한 뒤 그에 맞는 영화를 추천해주고 내담자는 영화를 본 뒤 영화 속의 인상적인 장면이나 메시지 등에 대해 간단한 보고서를 제출하고 토론한다. 자신의 내담자들을 대상으로 실험한 결과 내담자들이 영화 속의 인물과 동일시하면서 비슷한 상황을 이해하고 극복하는데 도움을 받았다고 주장했다. 그의 임상사례에 따르면, 부정적인 사고 방식 때문에 고민해온 내담자에게 영화 스타워즈 시리즈의 <제국의 역습>(1980)을 보여주었다. 영화의 '요다' 캐릭터가 "사람들은 스스로 변화할 수 있는 능력에 대한 확신이 없기 때문에 실패하는 것"이라며 적극적 사고를 기르도록 고무하여 내담자에게 효과를 보았다고 한다.

또 캘리포니아의 많은 주민이 느끼는 상대적 박탈감에 시달려온 내담자에게 배우 제임스 스튜어트가 천사의 도움으로 새 삶을 얻는 과정을 그린 <멋진 인생>(1946)을 추천하였다. 한 남자가 목숨을 끊으려 하자 천사가 나타나 만류하고, 천사는 그 남자가 살아오면서 베푼 선행으로 이 세상이 보다 살기 좋아졌음을 상기시키며 그에게 삶의 용기를 불어넣어 준다는 내용의 영화인데, 자아존중감이 사라진 내담자들에게 매우 효과적이었다고 한다(http:// walterjacobsonmd.com에서 자신의 블로그와 팟 캐스트로 사람들의 삶의 모든 영역에서 행복, 성공을 성취하기 위한 정신적 기법과 인지 도구를 제공하고 있다).

대니 웨딩(Danny Wedding)은 하와이 대학교(University of Hawaii)와 미시시피 의료 센터(University of Mississippi Medical Center)에서 임상 심리사로 지냈으며 이후에는 미주리 주 정신 건강 단체에 봉사하는 대학 연구 및 정책 센터인 MIMH(Missouri Institute of Mental Health)소장으로 미주리 대학교 의과 대학(University of Missouri-Columbia School of Medicine)에서 역할을 담당하기도 했다. 샌프란시스코에 있는 동안은 홍콩, 도쿄 및 멕시코시티에서 연수 프로그램을 담당한 Alliant International University의 캘리포니아 전문학교 심리학과 부교수로 재직했다. 그는 현재 카리브해 의대인 앤티가의 아메리칸 대학교(American University of Antigua)에서 행동 과학 교수로 재직 중이다.

대니 웨딩(Danny Wedding)은 심리치료, 정신치료 사례 연구, 행동 및 의학 치료, 신경 과학 연구, 뇌 손상 검사, 영화 및 정신 착란 등 10권의 책을 저술하거나 편집하였다.

다양한 나라에서 시작된 초기 영화치료는 영화 속 주제를 현실에 대한 은유적 상황으로 보고 실존적, 정신분석적, 인본주의적 접근에서 상담에 응용되었다. 비디오 기기의 보급이 보편화된 90년대 후반부터 영화치료는 미국이나 유럽에서 다른 예술치료를 대치하거나 보완하는 새로운 예술치료방법의 하나로 연구가 활발히 진행되었다. 영화를 통해 긍정적, 부정적 감정을 해소하는 카타르시스를 경험하며 기쁨, 우울, 슬픔, 분노 등과 같은 기분을 상기시키거나 전환하는데 도움을 주는 '처방전'식 서적이 출판되었다.

영화치료는 의학, 정신 건강 문제에 대한 보완 요법의 한 형태이며, 또한 자조의 한 형태로 사용되어왔으며 이 치료법은 게리 솔로몬(Gary Solomon) 박사에 의해 만들어지고 대중화되었다. 캘리포니아 주립대 심리학과의 스튜어트 피쇼프(Stuart P. Fischoff) 명예교수도 영화치료의 지지자 중의 한 사람이다. 그는 영화치료는 지난 1930년대 유행했던 독서요법이 시대변화의 흐름에 자연스레 발전된 것이라고 하였다. 영화가 20세기 후반의 문학이나 다름없는 자리를 차지하면서 사람들이 책을 읽으며 이야기를 하기 보다는 영화의 시각적, 청각적인 감각에 더 노출되는, 듣고 본 것에 대한 얘기를 많이 한다는 것이다. 또한, 그는 "영화란 영혼에 놓는 주사와 같아서 내담자들이 너무 고통스러워 얘기하지 못하는 주제까지 포괄한다."며 영화를 통해 내담자의 심리상태를 보다 쉽고 정확하게 파악할 수 있다고 하였다. LA의 많은 치료사들은 그들의 내담자들로 하여금 어려운 고난을 극복하는 것을 도와주기 위하여 영화를 권장하고 있다.

영국의 영화치료전문가로서 'The Movie Therapist'란 웹사이트를 운영하고 있는 Bernie Wooder는, 영화란 제3자의 시각으로 보는 것이기 때문에 내담자가 무의식적이고 억눌린 느낌을 쉽게 털어놓을 수 있으므로 영화치료는 매우 이상적인 치료법이라고 하였다.

"Movies are a true example of how art imitates life. To begin the journey all you need to do is to identify those movies that apply to your individual life problem or those that will help you to self-nurture and grow. The movies will help you experience healing yourself and/or supporting family members and friends along their own healing path."

영화는 예술이 어떻게 삶을 모방하는가에 대한 진정한 본보기이다. 여정을 시작하려면 개인적인 삶의 문제에 적용되는 영화나 스스로 육성하고 성장하는 데 도움이 되는 영화를 확인해야 한다. 그 영화들은 당신이 스스로를 치유하고, 또는 가족과 친구들이 그런 길로 들어설 때 그들을 지지하는 경험을 하는데 도움이 될 수 있다. - Gary Solomon

"Films are metaphors that can be utilized in therapy in a manner similar to stories, myths, jokes, fables, and therapeutically constructed narrative insights. Because films galvanize feelings, they increase the probability that clients will carry out new and desired behaviors. Cognitive insights tell clients what they ought to do but affective insights give them the motivation to follow through."

영화는 치료에서 이야기, 신화, 농담, 우화 그리고 치료적으로 구성된 서사적 통찰로 활용될 수 있는 은유이다. 왜냐하면 영화는 감정을 자극하기 때문에, 내담자가 새롭게 바라는 행동들을 할 수 있는 가능성을 증가시킨다. 인지적인 통찰은 내담자에게 그들이 해야 할 것에 대해 이야기하지만, 정서적 통찰은 내담자가 계속할 수 있는 동기를 부여한다.

- Stephen S. Pearce

"Video Work is a therapeutic process in which clients and therapists discuss themes and characters in popular films that relate to core issues of ongoing therapy. In Video Work, we use films to facilitate self-understanding, to introduce options for action plans, and to seed future therapeutic interventions."

비디오 워크(Video Work)는 일반적으로 상영하는 대중적인 영화에서 진행 중인 치료의 핵심 쟁점과 관련된 주제와 등장인물을 내담자와 상담자가 토론하는 치료 과정이다. 비디오 워크에서는 자기 이해를 돕고, 행동 계획을 위한 선택을 소개하고, 미래의 치료적 개입을 위해 영화를 사용한다.

- John W. Hesley & Jan G. Hesley

http://www.cinematherapy.com에서 발췌

## 3. 영화치료의 장점

첫째, 다양한 대상들이 쉽고 편하게 접근할 수 있다. 영화는 종합예술이라 일컫는다. 영화 자체가 대중을 전제하고 만들어지는 예술이며, 문자가 아닌 영상이라는 범문화적 형태의 시각적, 청각적 자극이 활용된다. 영화는 접근성이 용이하고, 단 몇 분에서 대략 2시간 정도의 시간이면 충분히 한편을 감상할 수도 있다. 비자발적인 아동이나 청소년, 노년에 이르기까지 다양한 대상들이 쉽고 편하게 관람할 수 있다.

둘째, 교육, 상담, 치료, 연수 과정 등에서 활용 가능성이 탁월하다. 책과 영화는 생각을 확장시킬 수 있고, 재구성할 수 있는 일반적인 과정을 갖고 있지만 특히, 영화는 간접적 경험을 통해 자신의 생각을 탐색하고 이해함으로써 내담자 스스로 자신의 인식을 변화시킬 수 있다. 그러기에 교육, 상담, 치료, 연수 과정 등에서 다양하게 적용할 수 있다.

셋째, 여러 예술매체 중에서 가장 핍진성이 강하다. 영화에서 말하는 핍진성(verisimilitude: 정말(진실) 같음. 정말 같은 이야기)은 그 어떤 예술매체보다 강한 매체이다. 영화의 이런 사실적인 속성은 영화 속 텍스트를 더욱 현실과 가깝게 느끼게 해주어 내담자의 지각에 강력한 영향을 준다.

넷째, 영화 자체가 보조치료의 속성을 지니고 있다. 영화치료에서 치료적 속성 중 하나는 영화 속 등장인물이다. 주인공이나 등장하는 여러 캐릭터들은 보조치료자이거나 훌륭한 모델이 된다. 영화 속 등장인물이 긍정적인 인물이나 부정적인 인물일 경우에도 마찬가지이다. 역경을 이겨내는 주인공을 자신과 비교하면서 '나만 힘든 삶이 아니구나' 라고 공감하고, 영화 속의 등장하는 인물의 문제해결 방식을 보면서 얻게 되는 안도감도 있다. 그 과정에서 희망과 용기, 심리적 위로를 얻기도 한다.

다섯째, 정서적 통찰을 얻는다. 영화는 감상하는 자체만으로도 강력한 정서가 활성화될 수 있다. 상담에서 언어를 통해 정서를 다룰 수도 있지만, 비언어적인 매체의 속성으로 억압된 정서에 쉽게 접근할 수 있다. 영화를 보는 동안 정서가 촉진되는 경험을 통해 자신에게 나타나는 정서를 극대화시킬 수 있고 카타르시스를 경험하는 과정에서 삶에 대한 의미를 부여하고 정서적 통찰을 얻을 수 있다.

여섯째, 공통의 경험을 가진다. 내담자가 여러 번 반복해서 봤거나, 한 번도 안 본 영화일지라도, 상담자와 내담자는 프로그램을 진행하거나 상담하는 시간과 공간 안에서 함께 감상할 수 있다. 이는 '지금-여기'에서 공통의 경험을 공유하고 공감대를 형성함으로써 보다 쉽게 라포가 생기게 된다. 나아가 내담자의 심리상태를 파악할 수 있으며, 상담목표와 내담자의 주 호소 문제에 대해서도 도움을 줄 수 있다.

일곱째, 새로운 힘의 잠재력을 보여준다. 영화는 인간 경험의 깊이를 밝히는 잠재력을 지니고 있다. 영화를 보는 사람들이 불안하거나, 걱정스럽거나, 불만스러워 하지 않기 위해서 자신의 문제로부터 물러선다. 또한, 자기 계발을 위해 영화를 사용하는 것은 의식적인 인식으로 볼 때 시각의 변화를 통해 자신을 포용할 수 있는 힘을 지닌다. 영화를 보는 것은 다른 어떤 스토리텔링의 매개체보다도 마술적인 효과를 가지고 있다. 특히, 교육이나 집단상담 시 영화를 함께 보는 공통의 경험은 영화 한편을 바라보는 관점이 다름을 서로 파악할 수 있고, 등장인물에 동일시되는 인물이 다름도 서로 느낄 수 있고 그 과정 안에서 대인관계의 패턴도 이해할 수 있다.

## 4. 영화치료의 종류

영화치료에서 영화는 크게 두 가지 방식으로 나눌 수 있다.
첫째, 감상 영화치료이다. 영화를 감상하고 심리치료적인 접근방법을 통해 자신을 이해하고 문제를 해결해나가는 방식이다.

둘째, 표현 영화치료이다. 만들어진 영화를 감상하는 차원이 아니라 직접 구상, 촬영, 편집 등 표현기법을 통해 개인 또는 집단의 인지, 정서, 행동을 통합하고 해체하는 과정을 창작하는 방식이다.

### 1) 감상 영화치료

#### ① 자기 조력적 영화치료(Self-help Cinema Therapy)

자기 조력적 영화치료는 영화를 관람하는 사람의 자발적 작용을 통하여 일어난다. 영화를 보면서 기분이 좋아지거나 마음이 아프거나 눈물을 쏟을 때가 있었을 것이다. 이러한 경험을 단 한 번이라도 해봤다면 이미 영화치료의 경험을 했다고 할 수 있다. 즉, 영화치료라는 개념을 접하지 않았음에도, 우리들은 이미 영화를 통해 '감동을 받았다'거나 '인생의 중대한 결심'을 했다고 말을 한다. 그런가하면 '잊을 수 없는 장면'이라며 영화의 일부를 회상하거나, 자꾸 반복해서 보는 영화, 여러 번 영화를 봐서 머릿속으로 영화를 돌려 볼 수 있을 정도거나 대사와 장면을 모두 외우는 영화도 있다. 영화를 보며 이미 정서적 카타르시스를 경험하면서, 영화를 자신의 삶에서 느끼고 받아들인 경우를 자기 조력적 영화치료가 할 수 있다. 즉 영화를 보면서 무엇이, 어떻게, 왜 자신에게 통찰을 주었는지, 영화 속 등장하는 인물이 왜 끌리는지 또는 인물에 대해 왜 마음에 들지 않는지 어떤 무의식의 반영인지를 알아차리지 못했을 뿐, 영화는 이미 일상적이면서도 지속적이고 강력하게 자신의 삶에 적용되어 왔다.

● 사례 > THE MOVIE OF MY LIFE

영화 〈블랙스완〉 중에서

영화 〈밴드 오브 브라더스〉 중에서

● 실습 1〉 자기 조력적 치료

1) 처음으로 봤던 영화의 제목을 적어보세요.

2) 언제, 누구와 함께 봤나요?

3) 영화를 본 장소는 어디인가요?

4) 기억에 남는 장면은 있나요?

5) 처음 본 영화는 어떤 감정을 불러일으키나요?

● 실습 2> 자기 조력적 치료

1) '내 인생의 영화'라고 할 수 있는 영화 제목을 다섯 편 적어보세요.

2) 다섯 편의 영화에서 느꼈던 감정을 명사나 형용사로 적어보세요.

3) 자신이 선택한 '내 인생의 영화'는 어떤 공통점이 있나요?

② **상호작용적 영화치료**(Interactive Cinema Therapy)

상호작용적 영화치료는 영화와 내담자 간의 상호작용, 내담자와 상담자 간의 상호작용 모두를 의미한다. 영화를 사이에 두고 상담자가 내담자와 서로 다양한 방식으로 의사소통이 가능하다. 또한, 내담자 삶의 영화를 대입시키거나, 영화와 영화를 연결해 적절한 도움을 줄 수 있기 때문에 상호작용적 영화치료의 효과는 크다.

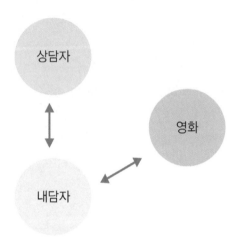

상호작용적 영화치료에서는 '어떤 영화를, 누구에게, 어떻게 보여줄 것인가' 등의 요소들을 결정하고, 나아가 내담자의 문제 해결 능력을 고취시키는 상담자로서의 '전문성'이 중요해진다. 이를 위해 상담자는 영화라는 매체에 대한 이해와 구체적인 상담 기술이라는 두 가지 분야 모두에 능숙해야 한다. 상호작용적 영화치료 시 상담자의 역할은 영화를 보고 내담자의 치료 작용이 활발하게 일어날 수 있도록 개입하는 것이라 할 수 있다. 즉, 영화를 보는 과정에서 느꼈던 동일시, 카타르시스, 통찰, 현실 문제에서의 적용 등을 스스로 탐색하고 이해함으로써 바람직한 삶을 살아가도록 안내해줄 수 있다.

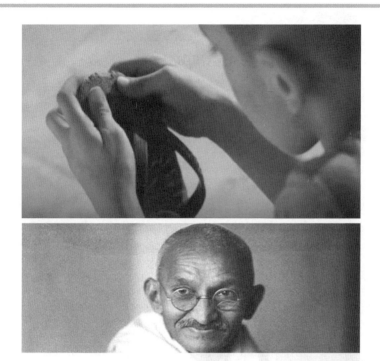

"세상의 변화를 보고 싶다면 나부터 변해야 한다."

제목: The Other Pair

감독: 사라 로직(Sarah Rozik)

각본: 모하메드 마허(Mohammed Maher)

줄거리

　　이집트 출신의 사라 로직(Sarah Rozik) 감독은 '마하트마 간디'의 일화에서 영감
을 얻어 단편 영화를 만들었다. 남루한 옷차림의 아이가 길에서 낡은 슬리퍼 한 짝의
끈이 떨어지자 이를 고쳐보려 하지만 마음대로 되지 않는다. 그때 기차를 타기 위해 가
던 한 아이의 반짝이는 새 신발이 눈에 들어왔다. 새 신을 신고 기차에 올라타던 아이
는 신발 한 짝을 플랫폼에 떨어뜨리고 만다. 기차를 타려는 사람들에 떠밀려 한쪽 신발
이 벗겨진 채 기차를 탄 아이는 구두를 아쉽게 쳐다보지만, 기차는 이미 움직이고 있다.
이때, 낡은 신발을 신은 아이는 플랫폼으로 달리기 시작한다.

● 실습 3〉 상호작용적 영화치료

– 영화를 보면서 어떤 생각이 떠올랐나요?


– 영화를 보면서 동일시되는 인물은 있었나요?


– 영화를 보고 난 후 느껴지는 감정을 형용사로 표현해보세요.


– 내가 만약 신발 한 짝을 떨어뜨린 상황이라면 어떤 행동을 할까요?


– 나만의 제목을 붙인다면 뭐라고 할 수 있을까요?


– 이 영화를 보여준다면 어떤 대상에게 보여주면 좋을까요?


– 나에게 신발과 같은 상징되는 것은 무엇이 있을까요?


– 감독의 시각으로 마지막 장면 이후에 스토리를 적어보세요.

## 2) 표현 영화치료

표현 영화치료는 우리가 기존에 영화를 감상하고 이야기하는 방식과 달리 이 기법은 내담자가 주체적으로 영상 매체를 통해 자신을 표현하는 적극적인 방법이다. 셀프 영상, 자전적 다큐스토리 등으로 직접 영화를 만들어보는 방식으로, 자신의 감정과 일상을 표현하는데 주안점을 둔다. 최근 발전하는 디지털 매체의 보급에 힘입어 스마트폰으로 창작활동을 통한 영화 만들기 치료가 널리 행해지고 있다. 예를 들면 내담자는 휴대폰으로 자신의 일상을 3분 정도 찍거나, 자기 자신을 소개하는 등의 과정을 상담에 가져오고, 그 영상을 통해 상담자와 함께 이를 활용하여 스스로를 이해하고 변화를 촉진하기에 감상 영화치료보다는 훨씬 적극적이고 강력하다고 할 수 있다.

〈멍멍이〉

# 5. 영화치료의 과정

영화를 관람하는 과정은 첫 번째 오락적 관람, 두 번째 비평적 관람, 세
번째 치료적 관람을 나눌 수 있다. 이 3가지 과정 중에서 영화치료를 위한 과
정은 치료적 관람이다.

## 1) 오락적 관람 – 흥미 위주로 영화보기

오락적 관람은 영화를 보면서 흥미와 재미, 긴장과 같은 정서를 얻는 가
장 전통적인 영화 보기 방식이다.

일반직으로 영화를 보는 사람들은 어떤 영화든지 영화 자체의 구성요소
인 스토리, 대사, 배우, 음악 등에 초점을 맞추어 선택한다. 또한, '재미있다',
'너무 감동적이다', '영화에 나오는 배우가 멋지다', '이 배우가 나오는 영화는
꼭 본다' 등의 가치 기준으로 영화를 보거나 평가를 내린다. 또한 사람들은 감
독의 의도에 따른 영화적 요소에 더 잘 집중한다. 일반 사람들은 영화를 본 후
영화에 대한 간단한 평이나 본 소감을 나누지만, 영화 자체에 대한 깊은 관심
과 사색을 하지는 않는다. 그렇다고 해서 오락적 관람이 주가 되는 영화가 교
육이나 상담에 적합하지 않다고 판단해서는 안 된다. 왜냐하면 자칫 접근하기
어려운 난해하고 지적인 영화, 즉 깊은 수준의 사색을 필요로 하는 영화를 영
화치료용 영화로 선정할 경우 내담자들은 이해하지 못하거나 지루함을 느껴
등장인물과 동일시하기 어렵기 때문이다.

따라서 상담자나 예술치료사는 영화치료에 활용한 영화의 목록을 작성해
본 후, 내담자와 연관된 영화들을 미리 관람해야 한다. 내담자들이 접근하기
바람직한 영화인지, 눈높이에 맞는 영화 선택인지, 문화적 이질감은 없는지,
다양한 정서를 잘 느낄 수 있는지 등 주의 깊게 살펴보아야 한다.

제목: 럭키(LUCK-KEY), 2015

감독: 이계벽

출연: 유해진(형욱), 이준(재성)

등급: 15세 이상 관람가

줄거리

　　성공률 100% 완벽한 킬러!

　　목욕탕 옷장 Key 때문에 무명배우로 삶이 뒤바뀌다?!

　　잘 나가던 킬러 형욱은 의뢰를 해결한 후 피 묻은 옷을 세탁하기 위해 목욕탕에 가는데 그곳에서 실수로 비누를 밟아 기억을 잃는 사고를 겪게 된다. 목욕탕에서 삶을 살아갈 의지를 잃은 재성은 부유해 보이는 형욱이 사고를 당해 정신을 잃자 형욱의 사물함 열쇠와 자신의 열쇠를 바꿔치기하고 형욱의 삶을 살아가게 되는 영화이다.

　　인생은 LUCK. KEY다!

## 2) 비평적 관람 – 평가 위주로 영화보기

비평적 관람은 영화란 무엇인가에 대한 사색과 영화에 대한 미학적 평가가 주된 관심사가 된다. 비평적 관람을 주로 하는 사람은 영화 관련자, 평론가, 영화 전공자 등 일반적인 방식으로 영화를 보기보다는 다양한 관점을 영화에 대입한다. 이들은 위에서 언급한 재미와 흥미 외에도 미장센, 촬영기법, 편집, 음향 등 일반적으로 대중이 영화에서 잘 보지 못하는 요소에 초점을 맞추어 감상 후 비평이나 논문을 작성한다. 비평적 관람은 영화에 대한 지식이 풍부해야 하고 평소 영화는 보는 방식에 대한 훈련이 잘되어있기 때문에 일반적인 관람과는 다소 차이가 있다.

상담자나 예술치료사는 비평적 관람까지 들어갈 필요는 없다. 그러나 영화가 내포하고 있는 콘텐츠를 풍성히 이해하기 위해서는 어느 정도 전문적인 시각도 필요하다. 영화 속에서 찾아낸 은유와 상징, 다양한 의미에 대해 때론, 내담자와 심도 깊게 논의할 수 있다. 내담자의 경우에 따라 풍부한 논의에 대해 흥미를 더 느낄 수 있기 때문이다.

제목: 다가오는 것들(Things to Come), 2016

감독: 미아 한센－러브

출연: 이자벨 위페르, 에디뜨 스꼽, 로만 코린카

등급: 15세 이상 관람가

줄거리

　　"왜 그걸 말해? 그냥 모르는 척하고 살 순 없었어?"

　　철학을 가르치는 교사 나탈리에게 책은 중요한 상징성을 갖고 있다. 철학은 인간의 삶을 다루는 학문이기에 나탈리는 삶에 있어서 딜레마나 실존적 위기에 봉착했을 때, 자신이 읽어왔던 책이나 철학자들의 이야기에서 문제를 풀거나 삶의 실마리를 찾곤한다. 철학 교사이기에 그녀를 드러내는 상징이기도 하지만 이 영화에서는 파스칼, 쇼펜하우어의 말을 인용하거나 레비나스의 책이 소품으로 등장한다. 즉, 책과 영화의 관계, 책과 인물의 관계를 섬세하면서도 자세히 묘사하고 있는 영화다.

　　그녀의 삶을 보면, 제목에서 말하듯 과거의 지나간 것들에 대한 주제가 아닌 '다가오는 것들'에 관한 이야기다. 나탈리의 시선으로 다가오는 것들을 따라가 보면 세상과마주하는 3개의 창이 펼쳐진다. 첫 번째 세상은, 애증이라 할 수 있는 엄마와의 관계이다. 엄마라는 존재가 부담이면서 한편으로는 여자이고, 엄마이기에 사랑할 수밖에 없

는 마음에서 생기는 딸이자, 여자로서의 시선이다. 두 번째 세상은 사랑하는 이, 동지라
고 느끼며 살아왔던 남편이 사랑하는 사람이 생겨 나가겠다고 하는 순간을 대면해야 하
는 삶이며, 마지막 세상의 창은 학생들에게는 존경받는 선생님이지만 프랑스의 사회문
제 때문에 학생들이 청년 실업으로 항의하는 과정에서 갈등을 빚게 되고 오랜 세월 참
여해왔던 교과서 저자에서 배제되는 일까지 겪으며 생기는 위기의 세상이다. 이러한 일
들이 한꺼번에 몰아치자 총체적 위기에 처하지만, 이 영화에서는 바람이 불어오는 대로
자신을 놓아버리고, 두려움 없이 한 걸음, 한 걸음 나아간다.

그녀를 일방적인 희생자로 표현하거나, 남편과의 갈등을 중심에 두면서 로맨스의
상실을 또 다른 사랑의 과정으로 문제를 해결하려 들지 않는다. 나탈리 그녀만의 시선
으로 삶을 풀어가는 방식을 선택했고, 그 방법은 삶의 문제를 사랑의 문제로 축소하거
나 대치하지 않는다. 어쩌면, 나탈리의 남편 하인즈의 세계와는 대조를 이루는 모습이
다. 가족 모두가 비 내리는 갑판에 있을 때, 혼자 선실에 앉아서 '남의 입장을 이해하는
것은 가능한가?'에 관한 글을 쓰고 있었듯이 모두가 떠난 그 자리에 오롯 혼자 있는
그녀는 자신만의 호흡으로, 삶을 마주하고 있다. '다가오는 것들'에 순응하면서 말이다.

### 3) 치료적 관람

치료적 관람이란 치료와 교육과정에서 영화를 어떻게 활용할지에 초점을 두어 관람하는 형식이다. 일반적으로 등장인물들의 내면심리, 등장인물들 간의 관계, 상황이 벌어졌을 때 어떻게 바라보는지 또, 상황을 해결해 나가는 방법 등을 살펴본다. 캐릭터의 성격과 그 성격이 형성된 이유, 이와 연관된 심리학적 구성 개념, 등장인물의 갈등과 관계 등을 보며 일반 사람들이라면 무심히 지나치거나 그저 감동만 받고 그칠 영화 속 장면들이 치료적 접근에서는 내담자의 마음에 박히는 하나의 보물이 된다.

상담과 영화치료 분야에 있거나, 영상 교육 관련한 업무를 하는 자, 교육복지사, 사회복지사, 학교 선생님 등 일선에서 영화를 활용해 교육 및 심리치료를 하는 이들에게는 치료적 관람 형식이 필요하다. 한편의 영화만으로 단번에 이루어지는 관람형태는 아니며, 치료적 관람을 매끄럽게 진행하기까지는 시간과 노력이 필요함을 인식해야 한다. 즉, 평소 시간을 들여 영화를 꾸준히 보고 관련 사항에 대한 메모를 작성하는 등 영화 전문가의 기량을 키워야 한다. 상담과 심리학에 대한 지식이 영화와 어우러져 시너지 효과를 낼 수 있도록 직관을 키우는 것 또한 필요하다.

영화치료는 흥미 위주의 관람과는 다른 여러 요소들을 봐야 하며 영화치료는 비평적 관람이 아님을 상기해야 한다. 감독의 명성이나 영화의 완성도는 치료용 영화에 대한 절대적 기준이 되지 않는다.

영화를 보는 관람 형태

| 관점 / 비교사항 | 오락적 관람 | 치료적 관람 |
|---|---|---|
| 초점은? | 줄거리(plot) | 인물(person) |
| 왜?에 대한 대답 | 액션(action) | 관계(relation) |
| 무엇을 얻는가? | 흥미(interest) | 통찰(insight) |
| 중요 관심사 | 결과(result) | 과정(process) |
| 누구를 보는가? | 배우(player) | 자신(self) |
| 무엇을 하는가? | 긴장(strain) | 분석(analysis) |
| 동일시 방법 | 무의식적, 정서적 | 의식적, 언어화 |

• 치료적 관람 시 생각해야 하는 요소들
① 활용 요소
영화를 활용할 대상, 영화치료의 종류, 또 어떤 장면과 대사를 활용할 것
인지 대략의 치료 계획을 구상하면서 영화를 관람한다. 그러나 영화의 흐름을
방해하지 않는 수준에서 관람하는 것이 중요하다.

② 등장인물 간의 관계
심리 치유 관람에서 가장 중요한 점은 인물 내적, 또는 인물 간의 관계의
변화과정이다. 이는 내담자의 입장에서도 생각해야 한다. 즉, 내담자가 보기에
영화 초반에 등장인물들이 어떻게 보이는지, 등장인물들이 자신들의 갈등에
어떻게 반응하는지, 그리고 영화 끝에 가서는 어떻게 달라지는지 관심을 가져
야 한다. 어떻게 관계가 향상되거나 악화되는지, 각 인물들이 어떻게 상황을
더 좋게 혹은 더 나쁘게 만드는지, 그리고 변화에 대한 반응으로 어떻게 느끼
는지 주목해야 한다.

③ 의식적 동일시
재미와 흥미 위주, 가벼운 마음으로 영화를 관람할 때도 영화에 등장하는
인물 중에서 특정 인물과 동일시한다. 그러나 영화치료에서 내담자에게 자신

이 동일시한 인물에 대해 언어적으로 표현해보라고 하는 것은 내담자가 등장 인물에 대한 투사의 정도와 그 내용이 긍정적인지 부정적인지 탐색하기에 중 요한 방법이다. 이를 위해서는 다음의 질문들이 유용하다.

- 영화 속 인물 중에서 어떤 인물과 가장 동일시되었나요?
- 어떤 인물과 가장 다르다고 생각되나요?
- 만약 (     )라면 뒤에 문장을 연결해보세요.
- 인간관계에서 바람직해 보이는 태도나 행동은 어떤 것이 있나요?
- 등장인물의 갈등상황에서 대처방식은 자신과 어떻게 다른가요?
- 영화 속 인물 중에서 마음에 들지 않거나, 이해가 되지 않는 인물은 누구인가요?

### ④ 감상 내용의 언어적 표현

일반적으로 영화치료에서 영화보기는 영화를 보고 난 후의 생각을 언어 로 표현하게 된다. 영화치료에서 영화 관람은 친구와의 수다와는 달리 영화를 통해 불러일으켜진 자신만의 생각이나 과거 경험을 이야기한다는 점에서 다 르다. 즉 영화 자체에 대한 사실이나 평가가 아닌, 내담자 자신의 감정 변화와 생각의 변화에 초점을 맞춘다. 이를 위해서는 다음의 질문들이 유용하다.

- 자신의 의견이 가족이나 친구들의 의견과 다른 점은 있나요?
- 영화를 보면서 느꼈던 감정에 대해 말해줄 수 있나요?
- 영화 속 등장인물을 통해 대인관계 시 새로운 방식의 태도와 대화를 담고 있다 면, 그 메시지는 무엇이었나요?
- 자신의 생각이 얼마나 실행 가능한가요?
- 자신의 생각이 수정될 여지가 있나요?

### ⑤ 심리적 통찰

등장인물의 행동과 동기를 이해하여 등장인물에 대한 심리적 통찰이 가 능하다. 이 단계는 고도의 훈련과 지식이 필요한 단계로, 상담자들은 다른 일 반적인 교육자나 사람들과 다르게 영화치료 내에서 논의할 수 있는 새로운 것 들을 봐야 한다.

# 제2장

# 영화치료의 치료적 관람

제목: 행복 목욕탕(Her Love Boils Bathwater), 2016

감독: 나카노 료타

출연: 미야자와 리에(후타바), 스기사키 하나(아즈미), 오다기리 죠(가즈히로)

등급: 12세 이상 관람가

줄거리

　　영화 행복목욕탕의 원제는 불을 데우는 뜨거운 사랑이다. 누구보다 뜨겁고 강렬한 온도를 지닌 엄마의 사랑이 목욕탕에서 데워진다. 그 안에서 가족은 웃고, 울고, 행복 등과 마주하게 된다.

아무 말 없이 남편 가즈히로가 집을 나간 지 1년이 되고 후타바는 가족이 운영하던 목욕탕 문을 닫고 딸은 학교에서 왕따를 당하며 힘든 삶을 살아간다. 가족이란, 의미에 대해 다시 생각해보게 하는 영화이다.

● 실습 1〉 영화 관람

● 실습 2〉

1) '목욕탕'하면 떠오르는 생각, 느낌, 감정이 있나요?

2) 가족에게 메시지 하나 남기지 않은 채 수증기처럼 사라져버린 '가즈히로'에
   게 한 마디 건넨다면 무슨 말을 하고 싶나요?

3) '후타바'는 죽기 전 '아즈미'와 '아유코'를 데리고 여행을 떠납니다. 여행을 떠
   난다면 어디로 누구와 함께 가고 싶나요?

4) 가장 최근에 행복했던 순간은 언제인가요?

5) 엄마는 학교에 가기 싫어하는 '아즈미'를 억지로 학교에 보냅니다. 엄마는 어
   떤 마음이었을까요?

# 1. 심리학적 접근으로 바라본 영화치료

## ─ 영화치료의 상호작용적 방법 ─

### '비르기트 볼츠'의 "시네마테라피"

영혼을 변화시키는 영화의 마술적인 힘(E-motion Picture Magic: A Movie Lover's Guide to Healing and transformation)의 저자인 비르기트 볼츠(Birgit Wolz)는 E-motion Picture Magic의 원리를 치료 과정에서 얻은 치료사의 경험과 내담자의 경험 그리고 추천 영화와 추천한 영화를 내담자 스스로 보면서 접근하는 방법들을 토대로 만들어진 방법이다. 여기서 핵심은 영화를 통한 치유와 그를 통한 변화라고 할 수 있으며 그것은 영화가 우리에게 선물처럼 주는 '마법'이라고 할 수 있다. 바로 그 마법이라는 측면에서 봤을 때 영화 속 인물들을 마치 자신의 스토리에 감정이입을 하고, 사건 등을 관망하는 관찰자의 역할에 세우기도 한다. 그 순간순간은 누군가에게는 꿈을 꾸는 것처럼 느끼고, 누군가에게는 카타르시스를 경험하게 한다. 이렇게 영화는 심리적 접근에서 보면 '마법'에 빠진 것처럼 상상하게 되고 바라보게 한다. 이러한 과정을 교육이나 상담 장면에서 활용도가 높은 상호작용적 영화치료 접근 방법으로 영화와 심리의 연결고리를 접근하게 해주는 인지 행동적 접근, 정신분석적 접근, 정화적 접근에 대해 세밀하게 알아보고자 한다.

〈비르기트 볼츠의 「(E−motion Picture Magic: A Movie Lover's Guide to Healing an d transformation」〉

〈상호작용적 영화치료의 접근방법〉

# Intro | 제3장 인지 행동적 접근

우리는 타고난 흉내쟁이이다. — Lord Chesterfield
우리는 실제로 모방에 의해 절반 이상이 만들어진다. — Myers

이탈리아의 저명한 신경심리학자인 리촐라티(Giacomo Rizzolatti) 교수는 원숭이의 뇌를 연구하다 어느 날 흥미로운 사실을 발견했다. 한 원숭이가 다른 원숭이나 주위에 있는 사람의 행동을 보기만 하고 있는데도 자신이 움직일 때와 마찬가지로 반응하는 뉴런들이 있다는 것이다.

우리가 영화를 보고 공감하고 수많은 정보를 모방할 수 있는 이유는 바로 이 "거울뉴런"에서 시작한다.

제3장

# 인지 행동적 접근

## 1. 인지 행동적 접근 정의

　인지행동주의에는 인간의 내적 사고 과정과 사건, 환경에 대한 평가 및 신념과 같은 인지적인 측면을 중시하는 인지주의와, 자극과 반응, 강화와 처벌을 통한 학습으로 행동적 변화를 중시하는 행동주의의 특징이 모두 포함되어 있다. 인지행동주의에서는 이 두 가지 이론을 모두 아우르면서 인지, 정서, 행동이 모두 상호작용한다고 가정하며, 인지가 핵심적인 고리로써 인지적 변화를 통하여 정서, 행동적 변화가 나타날 수 있다고 본다.

　특히, 사회적 학습이론의 형태를 적용한 관찰학습은 다른 사람이나 사물의 모델링을 통해서 정상 혹은 비정상적인 행동을 관찰함으로써 자극이 되어 이루어지는 학습을 말한다. 모델링은 생각과 행동의 가치, 태도 그리고 패턴을 전환하는데 가장 강력한 수단 중 하나로 모방이 기본이 된다. 다양한 측면에서 관찰자의 행동에 영향을 미치는 모델링의 특징은 다음과 같다.

　첫째, 새롭게 독특한 행동의 습득을 용이하게 하고, 이전에 습득된 행동을 감소시키거나 증가시킬 수 있다.

　둘째, 특별한 행동에 대한 단서를 제공해 줌으로써 반응을 용이하게 해주고 다양한 반응 양식을 갖게 한다.

　셋째, 관찰학습에서 관찰자는 특수한 반응보다는 특수한 자극에 관련 있기 때문에 특수한 음식 먹는 모델을 관찰하면 다른 음식 대신 그 음식을 먹게 되는 것처럼 환경적인 자극에 민감하게 반응할 수 있도록 한다.

넷째, 만일 관찰학습의 모델이 감정적 반응을 표출하는 것이라면 관찰자들에게 그러한 감정을 불러일으킬 수 있어 각성의 효과(arousal effects)도 제공한다. 관찰학습을 통해 습득된 행동은 모든 상황에서 일어나는 것은 아니므로 직접, 간접 그리고 스스로 만든 자신의 동기부여가 필요한 동기화 과정 등을 거치게 된다.

상호작용적 접근 방법 중 인지 행동적 접근에서의 영화는 교육적이면서 구조화된 목적으로 영화를 활용한다. 영화는 상담자가 미리 어떤 대상에게 영화를 보여줄 것인지, 어떤 교육 과정인지, 어떤 환경인시, 주제가 무엇인지 등을 파악한 후 미리 목적에 맞는 영화를 선택하여 내담자에게 보도록 하는 방법으로 처방적 접근법 또는 인지 행동적 접근법이라고 한다. 여기에서 선택된 영화는 스토리 안에 교훈이 포함되어있거나 문제해결을 위한 모델링이 있는 영화이거나 성장할 수 있거나 잠재능력을 개발하기 위해 영화를 선택하는 접근법이라 할 수 있다.

또한, 교육이나 상담 장면에서는 초기(1회기~3회기)에 사용하는 바람직하다.

## 2. 인지 행동적 접근 특징

첫째, 영화를 감상하는 것만으로도 적용 가능하다. 위에서 설명한 것처럼, 관찰학습은 강화를 받은 자신의 직접 경험에 의하여 학습하기도 하지만, 타인이 강화 받는 행동을 의식적으로 관찰하고 모방하는 대리적 경험(vicarious experience)을 통해서도 학습이 가능하다. 그렇기 때문에 영화를 본다는 것 자체로도 관찰학습이 가능하게 된다. 상담뿐만 아니라 교육, 연수, 학교 현장(학교폭력, 자존감향상, 무기력, 꿈 찾기 등)에서 활용하기에 용이하다.

둘째, 흥미를 유발시킨다. 영화는 시각, 청각, 그리고 영화적 장치를 통해 이야기를 전달하고 상상력을 자극하는 매력적인 대중매체이다. 영화가 가지는 핍진성은 그 자체로도 흥미를 유발하고 있어서 아동을 비롯하여 노인들까지 다양한 연령층에서 사용할 수 있는 장점이 있다. 또한 악기를 연주해야 한다거나, 그림을 그려서 표현한다거나, 몸을 움직여 표현하는 등 무엇인가 행위를 하면서 표현해야 한다는 선입견을 갖기보다는 부담 없이 교육이나 연수에 참여할 수 있기에 효과적이다.

셋째, 생각의 틀을 확장시킬 수 있다. 영화를 이해하는 것은 영상기술을 통해 재구성된 현실을 보는 것뿐만 아니라 새롭게, 그리고 깊이 있게 볼 수 있는 것이라 할 수 있다. 영화를 보면서 때로는 보편적인 생각과 정서를 느끼기도 하고, 자신의 삶을 성찰하기도 한다. 또한 타인의 삶의 방식이나 자신과 전혀 다른 세계관을 가진 인물들을 접하면서 '차이'를 확인하기도 한다. 이러한 영화의 특성은 사람들의 마음을 움직이고 나아가 자신을 보는 방식과 세상을 보는 방식을 변화시키며 생각의 틀을 확장시킬 수 있다.

넷째, 관찰을 통해 모델링 학습에 효과적이다. 관찰은 유심히 사람들의 행동을 관찰하였다가 행동으로 나타내는 과정을 의미한다. 즉, 사람들은 자신을 표현하는 방법을 타인들의 모습을 주의를 기울여 관심 있게 바라보고(주의), 그들의 하는 행동을 유심히 관찰하였다가 기억하는 과정(저장)을 통해 어떤 특정한 상황에서 그 행동을 결정하는 과정(동기화)을 동작으로 재생하는 과정(운동재생)의 네 가지 인지 과정을 거치게 된다.

사람들은 영화에 등장하는 인물들의 관찰을 통해 자신을 표현하거나 모방을 통해 행동으로 옮기기도 한다. 이렇듯 영화를 통한 모델링 학습은 등장

인물의 행동을 기준으로 하여 어떤 것을 받아들일지 말지를 파악하게 된다. 가끔 뉴스에 보도되는 범죄의 경우 영화의 한 장면을 모방했다는 보도를 접하게 된다. 관찰학습은 의식적이든 무의식적이든 내담자의 행동, 태도, 인지 과정에 영향을 끼칠 수 있다. 그러한 영향은 긍정적인 성장과 치유 과정의 변화를 가져오기도 하고 부정적인 모방의 형태로 나타나기도 한다.

## 3. 인지 행동적 접근 치료효과

### 1) 모델링: 관찰학습

인지 행동적 접근에서 보여주는 영화는 알버트 반두라의 사회학습이론에 근거한 관찰학습 및 대리학습의 도구로 활용이 된다. 우리가 알고 있는 보보 인형 실험은 1961년과 1963년 알버트 반두라(Albert Bandura)가 실시한 실험의 집합적 이름으로, 노크했을 때 서서히 일어나는 장난감인 보보 인형(bobo doll)을 향해 성인 모델 행동을 적극적으로 보고 나서 어린이의 행동을 연구한 방법이다. 가장 보편적으로 알고 있는 실험은 보보 인형을 때리는 것에 대한 보상을 받거나, 처벌받거나, 아무런 결과도 얻지 못한다는 것을 본 후 어린이의 행동을 측정한 방법이다. 알버트 반두라의 연구 초기 단계에서는 인간 학습의 기초와 다른 사람들, 특히 침략에서 관찰된 행동을 모방하려는 어린이와 성인의 의지를 분석했다. 그는 사회학습이론에 따르면 모델은 새로운 행동을 배우고 제도화된 환경에서 행동 변화를 달성하는 데 중요한 원천임을 알게 되었다. 사회학습이론은 행동을 제어하는 세 가지 규제 시스템이 있다고 가정한다.

첫째, 선행 유발은 행동의 시간과 반응에 크게 영향을 미친다. 행동 반응 이전에 발생하는 자극은 사회적 맥락과 수행자와의 관계에서 적절해야 한다.

둘째, 응답 피드백 영향은 중요한 기능을 수행한다. 대응 후에, 경험이나 관찰에 의한 증원은 미래의 행동의 발생에 큰 영향을 준다.

셋째, 사회적 학습에서 인지 기능의 중요성이다.  예를 들어, 공격적인 행동이 일어나기 위해서는 적대적인 조우를 당한 개인의 시력이나 생각에 쉽게 화를 내는 사람들이 있으며, 이 기억은 학습 과정을 통해 습득된다.

〈알버트 반두라(Albert Bandura)의 보보 인형 실험〉

〈보보 인형(bobo doll)〉              〈반두라(Bandura, 1925~)〉

즉, 사회적 학습 이론은 사람들이 관찰, 모방 및 모델링을 통해 배우는 것이라고 주장하였고, 그것은 사람들이 보상이나 처벌(행동주의)을 통해 배우는 것뿐만 아니라 다른 사람이 보상받거나 처벌받는 것을 관찰하는 것에서도 배울 수 있음을 보여준다(관찰학습). 이 실험을 통해 우리가 영화를 감상하는 것에서도 알 수 있는 것은 폭력적인 매체를 보면서 아이들이 어떻게 영향을 받을 수 있는지와 같은 실질적인 함의를 가지고 있다.

이러한 현상이 영화에서는 영화를 보는 사람이나 내담자로 하여금 스크린 속 인물에 대한 행동을 관찰하면서 모델링을 할 수 있음을 보여준다. 이때 모델링의 경우는 영화 속에 등장하는 인물이 교훈을 주거나 등장인물처럼 나도 지혜로운 사람이 되어야 한다거나 어려움이나 갈등을 겪어나가는 과정을 통해 문제를 해결해가는 좋은 모델(good model)일 수도 있고, 잘못된 방식의 표본이 될 수 있는 나쁜 모델(bad model)일 수도 있다. 영화는 관찰학습 및 대리학습의 강력한 도구이지 꼭 좋은 모델링의 효과만 전제하지는 않는다.

## 2) 객관적: 심리적 거리(Psychic distance)두기

사람과 대상인 영화의 거리가 가까우면 의식이 주관화되어서 자신을 잃어버리고 영화 속으로 몰입해 버린다. 반면 그 거리가 너무 멀면 의식이 객관화되어서 영화를 잘 음미하지 못하고 어렵다거나, 관념적으로 대하게 된다. 그래서 미적 거리에 대한 문제가 나타날 수 있다.

1912년 영국의 에드워드 블로우(Edward Bullough)는 미적 거리가 잘 조절된 관조적인 상태에서 미적 쾌감을 느낄 수 있다고 주장했다. 에드워드 블로우는 정신적 거리(psychical distance)라는 용어를 썼는데 그것은 미적 관조와 미적 전망이 일반적으로 객관적이어야 한다는 의미다. 객관적이라는 것은 주체가 대상으로부터 분리(detachment)되어야만 사람이 종교, 도덕, 정치, 사상 등 외적 영향을 받지 않은 상태에서 예술의 가치와 의미를 느낄 수 있다는 뜻이다. 따라서 영화에 몰입하지도 영화에서 벗어나지도 않은 상태에서 최적의 미적 거리가 결정된다.

"자신의 감정을 객관화하는 과정을 거치지 못한 채 감정이 과잉 노출되어 있는 시(詩)를 거리 조정이 부족한(under distancing) 시(詩)라 하고, 심리적 거리가 너무 멀리 설정되어 있어 감정이 지나치게 억제되어 있거나 관념적인 모습을 보이는 시(詩)를 거리 조정이 지나친(over distancing) 시(詩)라 한다."고 도종환 시인은 언급했다. 또한 "시(詩)란, 감정에 호소하는 관념을 보다 잘 표현하기 위한 이야기 방식이다."라고 하버트 스펜서는 말하였다.

인간이 가장 행복감을 느끼는 조건은 호기심이다. 자신이 흥미를 느끼는 일에 몰입하고 있을 때 행복감을 느끼게 되는데 현실이 우울한 상황이거나 일이 뜻대로 되지 않을 때 영화를 보고 나면 기분이 좋아지거나 우울한 마음이 사라지게 되는 경험을 하곤 한다. 호기심은 뇌를 긍정적인 자극을 주는데 인체에 생체 건기를 발생시켜 뇌에 흐르는 산소량을 높이고 행복, 의욕을 갖게 하는 도파민과 수면, 기억력, 식욕, 기분 조절, 학습에 영향을 미치는 호르몬의 세로토닌 같은 신경전달물질이 분비되도록 하는데 영화를 보면서 우리는 그러한 상황을 마주하게 된다.

긍정심리학의 대가 마틴 셀리그만(Martin Seligman) 박사는 "헤어날 수 없는 스트레스 상황이 지속되면 우울증이 생긴다."라고 했듯이 힘든 상황을 반복적으로 겪게 되면 피할 수 있는 상황이 되어도 극복하려는 시도조차 하지 않고 무력감을 학습하게 된다. 이때 영화는 '나'와 '내가 아닌 것'을 구분할 수 있는 '자기 객관화'를 알아차리게 해 준다. 영화가 주는 안전한 심리적 거리를 두고 다른 사람의 행동이나 생각을 관찰할 수 있으며, 안전한 거리에서 주는 세상에서 다양한 경험을 할 수 있게 된다. 그로 인해 조금 더 객관적으로 자신이 무엇을 원하는지, 어떻게 하는 것이 바람직한지를 깨닫게 된다. 그 거리를 자연스럽게 호기심으로 바라볼 수 있는 것이 영화이다.

비르기트 볼츠(Birgit Wolz)는 개인적 치유와 변화를 위해서는 영화와의 거리두기를 통해 의식적으로 영화를 봐야 한다고 제안했다. 의식적 자각하에서 영화보기는 영화를 보면서 너무 몰입해서 보는 게 아니라 '내가 지금 영화를 보고 있구나'를 알아차리는 '주의집중'이라고 하였다. 의식적 자각하에서 영화보기는 '마음 챙김'명상과 유사하다고 볼 수 있다. 영화치료에서 거리두기는 상담에서의 입장에서 보면 관찰자의 입장이다. 내담자의 위치가 아닌 제3자의 입장에서 바라보라는 뜻이다. 스크린과 사람의 거리만큼, 스크린 속 영화의 현실과 영화를 보고 있는 내담자의 현실 사이에는 그만큼의 안전한 거리가 생기게 되며 이러한 거리는 영화 속에 너무 빠져들어 이야기에 몰입되거나 캐릭터에 동일시되지 않는 것이다.

## 4. 인지 행동적 접근 시 선택해야 하는 것

첫째, 내담자의 주호소가 무엇인지 파악하고, 영화 안에서 관찰하고 모델링을 통해 체험적 접근이 가능한지 파악한다.

둘째, 영화를 보는 대상의 연령층, 환경, 사회경제적 배경, 대인관계 등을 고려해 편안하고 쉽게 접근 가능한 영화를 선택한다.

셋째, 영화를 보고 난 후 내담자의 반응이 어느 정도 예측 가능한 영화를 선택한다.

넷째, 편집된 영화장면을 보고 쉽게 이해되어야 한다. 은유, 영화의 기술적인 면은 피한다.

다섯째, 역할 모델이 가능한 영화를 선택한다. 역할 모델이 꼭 긍정적인 모델일 필요는 없으며 부정적이어도 괜찮다.

여섯째, 꿈, 비전, 자존감 향상, 문제해결방법 등 구체적인 제시안이 있으면 더욱 좋다.

일곱째, 인지 행동적 접근에서는 실화를 전제로 해서 만든 영화, 뉴스, 다큐멘터리, 교훈이 담긴 영화 등이 적절하다.

## 5. 인지 행동적 접근 실습

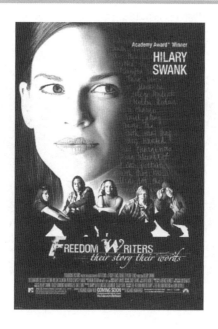

제목: 프리덤 라이터스(Freedom Writers), 2007

제작: 미국, 2007년

감독: 리처드 라그라브네스

출연: 힐러리 스웽크(에린 그루웰)

줄거리

    캘리포니아의 윌슨 고등학교 교사로 처음 부임한 에린 그루웰 선생은 흑인, 동양인, 라틴계 등 다양한 인종과 만나게 되는데 그 안에서 벌어지는 차별과 어려운 환경에서 성장해가는 학생들과의 이야기가 고스란히 담겨있다. 내일에 대한 꿈조차 꿀 수 없었던 학생들에게 매일매일의 생각과 경험을 글로 쓰도록 하였고, 그로 인해 마음의 문을 열고 바뀌어가는 과정과 아이들을 위해서라면 여러 장벽에 부딪히면서도 싸워나가는 과정을 실화를 바탕으로 한 영화이다. 관용과 신뢰에 관한 중요한 교훈을 준다.

● 실습 1〉 영화 관람

영화 〈프리덤 라이터스(Freedom Writers, 2007〉 중에서

TIP

- 영화를 보고 난 후 모델링의 효과가 크게 나타난다.
- 인원이 적으면(8명 이내) 하지 않는 것이 바람직하다.
- 단 회기에는 부적절한 실습이다.
- 대상층에 따라 질문이 달라져야 한다.
- 질문은 재미있고 흥미로운 것부터 시작하는 것이 수위가 달라진다.
- 추후 프로그램 진행에 대한 파악에 도움이 된다.
- 비밀보장에 대한 내용을 꼭 언급해줘야 한다.
- 과거, 현재, 미래에 대한 질문을 다양하게 할 수 있다.
- 모든 질문에 답을 요할 필요는 없다.

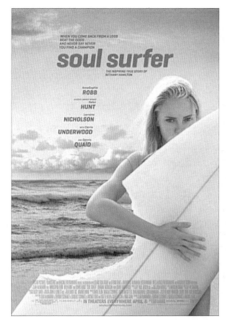 

제목: 소울 서퍼(Soul Surfer), 2011

제작: 미국

감독: 숀 맥나마리

출연: 안나소피아 롭(베서니 해밀턴), 헬렌 헌트(쉐리 해밀턴) 등

줄거리

하와이 카우아이에서 태어난 베서니는 어린 시절부터 바다에서 자라며 서핑과 함께 성장해 나간다. 베서니에게 서핑은 친구이자, 꿈이었다. 13살이 되던 해, 하와이 주 결선 서핑대회에 출전한 베서니는 1위로 예선을 통과하게 되고 친한 친구인 알리사의 가족과 함께 서핑을 나갔다가 한쪽 팔을 잃는 사고를 당하게 된다. 살아있다는 건 기적이라고 할 만큼 구사일생으로 살아남은 베서니는 시련과 좌절을 거듭하며 지내는 상황에서 태국의 쓰나미 현장으로 봉사활동에 참여하게 되고, 다시 한 번 힘을 얻어 서핑을 시작하게 된다. 실화를 바탕으로 한 영화로, 사랑은 파도보다 위대하고, 두려움보다 강하다는 것을 보여준다.

● 실습 2〉

– 자신의 감정, 느낌, 연상되는 것 등을 생각해본 후 아래의 문장처럼 만들어보
세요.

| | |
|---|---|
| 시각을 바꾸려고<br>노력했어요 | 사랑은<br>파도보다 위대하고<br>두려움보다 강하다 |
| 새로운 상황에 적응하려면<br>배울게 많겠지만<br>네가 못할 일은 거의 없단다 | 때를 기다리고<br>본능을 믿으렴 |

● 실습 3〉

- 내가 만약 베서니라면 상어에게 물린 후, 서핑을 할 수 있을까요?

- 베서니는 서핑을 다시 못할까봐 두렵다고 합니다. 살아가면서 두려운 것이 있다면 무엇이 두렵다고 느껴지나요? 그 두려움은 언제부터였나요?

- 베서니는 친한 친구가 있습니다. 당신에게도 마음을 나눌 수 있는 친구가 있나요?

- 만약, 도전한다면 무엇에 도전하고 싶나요?

- 베서니에게 인터뷰를 한다면 무슨 말을 하고 싶나요?

표현하지 않은 감정은 절대 죽지 않아.
산 채로 생매장되어서 나중에 추한 모습으로 등장한다고!

대부분의 사람들이 자유를 원하는 것 같나?
아니. 사실은 자유를 원하지 않는다네.
왜냐고? 자유란 책임을 동반하는데,
대부분의 사람들은 그놈의 책임을 두려워하지.

볼 수 있는 눈이 있고, 들을 수 있는 귀가 있다면
어떤 인간도 비밀을 지킬 수 없다는 걸 확실히 알게 될테지...

입술을 꽉 다물고 침묵하고 있다 할 지라도
손가락을 꼼지락 거리는 것으로 모든 비밀이 스멀스멀 기어 나온다고.

우리는 상대를 우연히 마구잡이로 선택하는 것이 아니다.
우리 무의식에서 이미 존재하는 사람만을 만나는 것이다.

인간이란 웃긴 존재야.

사랑하는 사람과 그렇게 함께 있고 싶어 하면서도
그걸 드러내 놓고 인정하길 거부하거든.

어떤 사람들은 아주 미묘한 감정 표시조차 드러내길 꺼려해.

왜 그런지 알아? 바로 두려움 때문이지.

드러낸 감정을 사람들이 알아차리지 못할까 두렵고,
더 최악은, 감정을 표현했는데도 돌아오는 것이 없을까 두려운거야.

인간에 대해서 가장 이해할 수 없는 한 가지는 바로 이것이다.
애정을 품은 대상과 연결되고자 의식적 노력을 한다는 것.
그렇게 노력해 봤자, 서서히 내면에서 자신을 죽이는데도 말이다.
- Sigmund Freud, 1856~1939

제4장

# 정신분석적 접근

## 1. 정신분석의 정의

정신분석이란, 1896년, 프로이트(Freud)가 히스테리 내담자들을 치료하면서 명명한 용어이다. 프로이트(Freud)는 처음 최면술을 통해 내담자를 치료했지만 적절치 않다고 보고 자유 연상법으로 방향을 전환하였다. 이 기법은 내담자가 떠오르는 대로 생각을 말하도록 유도하는 것으로 이 방법을 통해 무의식 속에 억압되어있는 감정을 의식계로 방출하여 치료할 수 있다고 본 것이다.

정신분석 초기에는 '의학'으로 해결되지 않는 '병리 증상'의 심리적 원인에 대한 분석과 치료에 초점이 맞춰져 있었다면 후기에는 인간의 사유, 정서, 행동을 일으키는 모든 정신작용들과 정신 내용들에 대한 과학적 인식활동에 초점을 두고 정신분석을 정리하였다. 정신분석은 인간의 내면을 분석하고 조망하는 모든 역할을 포괄하는 개념이라고 할 수 있다.

Q. '정신분석'이란 말을 들으면 어떤 생각이 떠오르나요?

A.

## 1) 정신분석의 주요 용어들

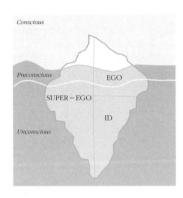

프로이트는 의식을 세 종류로 나누었다.
- 무의식(unconscious),
- 전의식(pre-conscious),
- 의식(conscious)

이것을 더욱 구체화하여 인간의 정신구조를
- 원초아(id 이드),
- 자아(ego 에고),
- 초자아(superego 슈퍼에고)로 설명하였다.

> 내 마음에는 각각의 방이 있다: 의식, 전의식, 무의식
> 지금 당장 필요한 자료는 '의식'에
> 당장 불필요한 자료는 '전의식'에
> 의식 내용과 심하게 충돌하는 자료는 '무의식'에 이동.

- 의식, conscious

의식은 인간이 의식하고 있는 모든 것, 생각, 이념, 과거, 무엇이든 자아를 통해서 연상되는 정신적인 내용이다. 즉, 나의 정신에 의식된 부분은 외부 세계에 관한 지각의 산물로 내가 경험하고 기억하여 형성된 모든 것, 내가 생각하고 알고 있는 세계 등 자아를 통해 인지하는 내용이다. '나'는 이러한 의식의 중심에 위치하지만, 대부분의 인식 내용들은 일정한 기간이 지나면 전의식이나 무의식이 영역으로 사라진다. 의식을 작은 섬에 비유한다면, 무의식은 바다와 같다.

- 전의식, pre-conscious

무의식과 의식을 연결해 주는 일종의 교량 역할을 한다. 그래서 전의식을 '이용 가능한 기억'이라고 부르기도 한다.

• 무의식, unconscious

자아가 모르는 정신세계를 무의식이라 부르는데, 그 영역은 대단히 방대하다. 인간의 행동이나 정신적 과정이 무의식에서 기원한다고 주장하는데 무의식은 자아가 가지고 있지만 아직 모르고 있는 정신세계의 모든 것으로 언젠가 의식했지만 이제는 망각된 모든 것, 나의 감각에 의해 인지되었지만 의식이 유념하지 않은 모든 것, 내 안에 준비되어 있어 나중에야 비로소 의식에 나타나게 될 모든 미래의 것이 모든 것이 무의식의 내용이다. 프로이트는 무의식의 6가지 특성을 다음과 같이 제시한다.

- 시간관념 없음(timelessness): 어린 시절의 사건을 마치 '지금-여기'에서 일어나는 사건으로 착각
- 현실무시(disregard of reality): 현실상황은 무시, 집요하게 욕구 충족만을 요구
- 심리적 현실(psychic reality): 실제 사건에 대한 기억과 심리적인 상상경험이 혼재
- 모순 없음(absence of contradiction): 논리적인 생각과 판단능력이 없음
- 부정이나 반대개념 없음(absence of negation): 합리적인 사고체계가 없음
- 실체로서의 말(words as things): 언어가 없고 이미지를 언어로 사용

내 마음에는 세 사람이 살고 있다: 이드, 에고, 슈퍼에고
욕구만 주장하는 이드,
타협하고 중재하는 에고,
금지된 것들을 막아서고 이상을 추구하는 슈퍼에고.

• 원초아, id

성격의 가장 원시적인 부분. 정신적 에너지가 저장되어 있는 곳으로 본능에 지배를 받는다. 즉 먹고, 자고, 사랑하는 것처럼 삶을 영위하는 데 필요한 생물학적 충동이 깃들어 있는 곳이다. 그래서 이드는 쾌락의 원리(pleasure principle)에 지배를 받는다. 논리적이라기보다는 즉각적이며 환상 지향적인 경향을 띤다.

• 자아, ego

자아는 현실 원리(reality principle)에 따라 움직이면서 끊임없이 이드와 초자아 사이의 힘을 중재한다. 사회적 현실을 고려하면서 본능을 통제하고 합리적으로 행동하려고 한다. '이드'라는 자동차의 속도와 방향을 통제하는 운전자라고 할 수 있다.

• 초자아, super ego

자아가 현실에 원리를 두고 있다면 초자아는 이상에 기반을 두고 있다. 사회 규범, 도덕, 양심에 입각해 무엇이 옳고 그른지 판단하는 데 관여하며 이상을 추구한다. 성격의 도덕적 기능에 해당되며 당위의 원리(should principle)에 따라 작용한다.

## 2) 무의식과 불안

인간의 정신세계가 의식과 무의식으로 나뉘는 것은 억압(repression) 때문이다. 무의식의 내용들은 수치심을 유발하는 것들, 죄책감, 열등감, 상처받은 경험들, 성적 욕구, 공격 욕구들로 의식에서 감당하기 어려운 것들이다. 이러한 것들이 의식에 올라오면 심한 불안을 일으킨다. 그래서 의식으로 나오지 못하도록 자아는 억압해 버리는 것이다. 억압된 내용들이 더 많아질 경우 결국 이드는 비대해지고 자아가 차지하는 영역이 줄어든다.

한편 이 억압된 내용들은 기회만 주어지면 호시탐탐 의식으로 뛰쳐나오려고 한다. 이것들을 억압하기 위해서는 많은 정신에너지를 소모하게 된다. 프로이트는 인간의 정신에너지는 한정된 양으로 보았는데 이렇게 많은 정신에너지를 소비하게 되면 결과적으로 현실에서 사용할 에너지가 상대적으로 줄어든다고 보았다.

결국 무의식에 억압된 내용들은 자아의 영역이 줄고, 사용할 에너지가 적어지는 순간, 즉 자아가 약화되었을 때 '증상'이라는 형태로 의식세계에 출현하게 된다.

### 3) 영화와 정신분석

프로이트는 정신분석 하나만으로 완전한 세계상을 제공할 수 없다고 하면서 인문, 사회, 과학들과 결합될 경우에 정신분석의 가치가 훨씬 드러날 것이라고 했다. 정신분석 공부를 위해서는 '자신의 무의식'에 대한 '자기 분석'과 '정서적 인식'이 필요한데 이러한 방법에는 여러 가지(학문, 명상, 운동, 예술 등)가 있을 수 있다. 그 중 영화만큼 효과성이 뛰어난 것도 없다.

영화치료의 상호작용적 접근 방법 중 정신분석적 접근에서 영화 감상은, 인지 행동적 접근처럼 '상담자가 내담자에게 어떤 영화를 보여주면 이런 반응이 나올 것이다' 라고 예상하거나 파악하기 어렵지만, 치료와 성장을 자극하는 접근방법이다.

E-motion Picture Magic의 저자 비르기트 볼츠(Birgit Wolz)는 치료 과정에서 evocative(환기시키는, 생각나게 하는, 불러일으키는, 떠올리게 하는, 연상시키다)에서 표현을 했듯이 영화는 마치 꿈을 꾸는 것처럼 꿈과 영상은 일맥상통한다고 했다.

우리가 삶을 살아갈 때, 무의식의 기반을 둔 꿈에서 자신의 내면을 이해하고 스스로가 통찰력을 얻을 수 있는 것처럼, 영화에서 느끼는 감정적인 반응은 내담자가 공감하고 무의식적인 부분과 연합했을 때에 영화를 보면서 또는 보고 난 후 느꼈던 것들을 새롭게 재인식할 수 있다. 즉, 정신분석적 접근에서 영화는 '공동의 꿈' 작업으로 볼 수 있는데 꿈을 이해하고 해석하듯 정신분석적 접근에서의 영화는 꿈을 이해하는 것과 같다고 말할 수 있다.

영화 〈데인저러스 메소드(A Dangerous Method, 2011〉 중에서

## 2. 정신분석적 접근 특징

첫째, 영화를 감상하면서 자신의 무의식과 접촉할 수 있다. 프로이트 이래 우리의 정신구조는 의식과 무의식이 존재한다는 것에 대해 합의하고 있다. 물론 무의식의 존재를 인정하지 않는 학자들도 많다. 하지만 현대에는 뇌인지 신경학자들도 프로이트가 의미하는 무의식과는 내용이 조금 다르지만, 의식이 지배할 수 없는 어떤 것을 '비의식'이라고 명명하고 있다.

정신분석학에서 무의식은 아주 중요하다. 무의식이란 영역은 정지되어있던 것들, 이미 알고 있던 규칙들을 자연스럽게 움직이게 만들고 단번에 모두 무너뜨려 버리거나 고정된 의미를 변형시켜버린다. 무의식은 '전치(displacement)와 함축(condensation)'이라는 체계를 사용하여 어린 시절의 기억과 무의식적 욕망을 변형시키고 치환하기 때문이다. 이렇기 때문에 무의식은 실제로 원하거나 추구하는 내용을 담고 있다 하더라도 그 내용이 정확하게 파악되기 매우 힘들다. 하지만 무의식은 내담자가 의식적으로 깨닫지 못하는 자신의 일부이므로 우리는 그것을 다른 말로 바꾸어 '가능성'이라 부를 수 있다. 이러한 무의식은 우리의 일상생활에서 하는 말실수, 농담으로 확장되어 나타나기도 하고, 더불어 그 확장의 세계를 넓힌 분야 중 하나는 영화라고 할 수 있다.

아주 오래 전에 본 영화라 하더라도 선명하게 기억에 남거나 강렬한 경험을 통해서 무의식의 세계에서 의식의 세계로 불쑥 나오기도 한다. 그 과정에서 영화 매체는 캐릭터에 대해 어떻게 인지하고 자각하는지에 따라 자기 발견의 과정으로 알아차리게 된다. 이때 활용되는 영화는 인지 행동적 접근방법에서와는 달리 전혀 예상 밖의 영화에서 느낄 수 있기 때문에 내담자가 어떤 영화에서 무의식을 건드리게 되었는지, 무엇이 연상되었는지, 억압된 감정덩어리들이 표피 밖으로 도출되었는지 등 예측하기가 어렵다.

영화를 감상하는 것만으로도 우리는 무의식에 잠재되어있는 자신의 그 무엇들과 접촉할 수 있고 자신의 내면 탐색이나 심리적 건강 증진에는 도움이 되지만 교육이나 상담 장면에서는 상담초기에 활용하기 보다는 중기(4회기~6회기)에 사용하는 것이 조금 더 바람직하다.

둘째, 무의식에 감추어진 경험과 기억을 스스로 떠올릴 수 있다.

우리는 무의식을 외면한 채 의식이 모든 것을 통제할 수 있다고 믿고 싶겠지만, 억압된 무의식은 꿈, 환상, 말실수에서 불쑥 나타난다. 자신의 통제를 벗어난 어떤 일이 벌어지거나, 생각하지 못한 일에 직면하게 되는 순간에 쾌재를 부를 사람은 거의 없다. 또 간밤에 꿈을 꾸고 나서 괴상한 꿈 내용으로 얼굴이 화끈거리고 마음이 불편해졌던 일도 있을 것이다.

프로이트는 꿈을 무의식으로 통하는 문이라고 생각했다. 꿈은 일단 정신에 각인되었거나 억압된 것은 사소한 인상일지라도 언제든지 되살아날 수 있는 흔적을 남기는데 의식의 언어로는 꿈의 무의식적인 의미를 알 수 없다. 하지만 그 흔적을 우리는 영화를 통해서도 비슷한 자극을 받게 된다.

현실에서 격리되거나 고립되었던 것들이 영화를 보면서 자연스럽게 해제되기도 하고, 영화 속에서 나누는 대화, 등장인물의 성격적 특성, 영화에 나오는 음악, 풍경, 배우의 모습 등에서 느낄 수 있다. 무의식 속에 억압되어있던 과거의 기억들이 자신의 무의식에 도달하는 방법은 영화 한편을 전체적으로 보면서 느끼는 것 보다는 이처럼 다양한 방법을 통해서 나타난다.

셋째, 억압된 방어기제를 해체시켜 안전한 공간으로 퇴행하도록 돕는다. 자유연상은 무의식의 덩어리이다. 영화를 보면서 지금 이 순간 '타인이 나를 어떻게 생각할까?' 라는 타인의 시선을 아랑곳하지 않고 우연히 올라오는 또는 연상되는 생각, 느낌, 이미지들을 자유롭게 말로 표현하거나 그림을 그림으로서 스스로 자각할 수 있고 잊혀있거나 억압되어있던 경험과 기억에 도달할 수 있다.

정신분석적 접근은 내담자가 영화를 보면서 과거의 기억으로 타임머신을 타듯 들어갈 때 안전하게 '퇴행'하도록 도와주는 역할을 한다. 이때 행해지는 퇴행은 방어기제의 하나로 공간적으로 현재의 위치에서 뒤로 물러가거나 시간적으로 현재보다 앞선 시기의 과거로 가게 된다. 신경증적 방어기제의 하나로 부모의 사랑을 독차지하던 아이가 동생이 태어남으로 인해 사랑이 뺏기게 될 때 어린아이와 같은 행위를 보이는 경우를 '퇴행'이라 한다. 우리는 영화라는 안전한 공간에서 퇴행하며 사연스럽게 자신과 마주할 수 있게 된다.

Q. '방어 기제'란?

A. 스트레스, 불안의 위협, 상처로부터 자아를 보호하기 위해 무의식적으로 사용하는 사고 및 행동 수단이다. 프로이트는 인간의 원초적인 욕구 '원초아'가 강해지면 사람은 불안감을 느끼게 되고, 이때 불안감으로부터 벗어나기 위한 행동이 방어기제로 발휘된다고 정의했다. 프로이트의 딸 안나 프로이트가 방어기제에 대해 깊이 연구하였으며 이 방어기제에는 투사, 퇴행, 억압, 반동협성, 합리화 등 여러 기제가 있다.

넷째, 영화 속 등장인물을 동일시하거나 투사할 수 있다.

영화 속 등장인물을 보면서 그 중 어떤 인물은 마음에 들고, 이해가 되기도 하지만 어떤 인물을 괜히 미운 감정이 들거나 분노가 치밀어 오를 수도 있다. 또한 어떤 인물은 마치 자신이 영화 속에 등장하는 인물이라도 된 것처럼 착각에 빠지기도 한다. 이러한 반응을 통해 스스로의 마음에서 작용되는 감정이나 느낌 등을 이해할 수 있고, 전혀 예상하지 않는 장면에서 자신을 깨닫게 되곤 한다.

집단원들과 함께 영화를 보면서 등장하는 인물에게 동일시하는 경우를 살펴보면 누군가는 좋은 감정을 느끼는 인물에게 누군가는 가장 마음에 들지 않는 인물로 생각할 수 있다. 이때 우리는 한 인물 안에서 각자 동일시하거나 투사되는 인물이 다름을 알아차릴 수 있다.

• 동일시, identification

개인이 한 가지 또는 몇 가지 측면을 다른 사람의 특징을 자신의 것으로 여기는 무의식적인 정신 과정이다. 동일시는 타인과의 관계에서 타인의 반응 경향을 그대로 받아들이는 경우로 영화 속 인물을 마치 자신인 것처럼 여기거나, 가족 중 누구로 여기고 반응을 보이거나 상담 시 내담자가 상담자를 어버이처럼 보는 것과 같은 경우이다. 개인의 적응적 반응 유형과 방어적 반응 유형은 사랑하고 존경하는 사람이나 두려워하고 미워하는 사람과의 동일시를 통해서 형성될 수 있다.

• 투사, projection

받아들일 수 없는 충동이나 생각을 외부 세계로 옮겨놓는 정신 과정이다. 투사는 방어적 과정으로서, 개인 자신의 흥미와 욕망들이 다른 사람에게 속한 것처럼 지각되거나 자신의 심리적 경험이 실제 현실인 것처럼 지각되는 현상을 말한다.

"네가 어떤 사람을 만났는데 그 사람이 마음에 들지 않으면, 네 자신의 모습을 보는 것이라고 생각해야 한다. 네가 싫어하는 것이 실은 네 자신의 일부이다." 「인생과 자연을 바라보는 인디언의 지혜」라는 책에 담긴 말이다.

모든 타인은 나를 비추는 거울이다. 타인에 대해 어떤 생각을 하고, 어떤 말을 하든지 그것은 자신의 내면에 있는 요소들이 거울처럼 되비춰주는 현상일 뿐이다. 내면에 억압된 부정적 측면이 많은 사람은 타인의 부정적인 면을 보게 되고 그만큼 타인들에게 부정적인 감정을 갖게 된다. 즉, 투사란 자신의 무의식적이거나 바람직하지 않은 특성이 타인에게로 향하는 방어기제로서 내가 그를 싫어하는 데 그가 나를 싫어한다고 하는 경우를 투사라고 하는데 영화 속의 어떤 등장인물이나 행동이 마음이 들지 않거나 싫다면 자신의 그림자 자아일 수 있다.

제목: 마담 프루스트의 비밀 정원(Attila Marcel), 2013

제작: 프랑스, 2014년 7월 24일 개봉, 2016년 10월 2일 재개봉

감독: 실뱅 쇼메

출연: 귀욤 고익스(폴), 앤 르니(마담 프루스트)

줄거리

"Vis ta vie"

"네 인생을 살아!"

"기억은 일종의 약국이나 실험실과 유사하다. 아무렇게나 내민 손에 어떤 때는 진정제가 어떤 때는 독약이 잡히기도 한다."

2살 무렵 부모를 여읜 폴은 말을 잃은 채 두 이모와 함께 산다. 이모들은 폴을 세계적인 피아니스트로 만들려고 했지만, 대회를 나갈 때마다 입상하지 못한다. 33세인 폴은 피아노 실력 이외 대부분의 것들에는 미숙한 어린아이의 상태에 멈춰있고, 그의 생활 반경은 집과 두 이모들이 운영하는 댄스 교습소, 정원 산책 정도가 전부라 할 수 있다. 그는 분명히 살아 움직이지만 두 이모의 자동인형 같은 느낌이다. 눈빛은 한 없이 깊고, 모습은 슬픔을 가득 머금고 있으며, 감정이라곤 행복과는 거리가 먼 모습이다.

폴에게 단 하나 좋은 것은 따뜻하고 아름다웠던 엄마에 대한 그의 기억이다. 어릴 적 희미한 기억으로부터 비롯된 아빠에 대한 공포심으로 인해 사진 속 아빠를 재단해 분리해버리는 행위로 자신의 기억 속에 있는 아빠에 대한 복수를 한다. 그러던 어느 날 폴이 살던 아파트의 엘리베이터가 망가지면서 그의 인생에 큰 변화가 생긴다. 우연히 이웃 마담 프루스트의 집을 방문한 폴은 그녀가 키우는 작물을 먹고 과거의 상처와 추억을 떠올리게 되면서 매주 목요일마다 '잃어버린 기억을 찾아서' 여행을 한다.

정신분석의 거장인 '멜라니 클라인'은 아이들은 엄마와 주변의 사람들을 '환상(phantasy)'을 통해 구성하고, 그 무의식적 환상을 통해 전체 세계와 관계한다고 하였다. 아이는 어떤 것도 있는 그대로 단순하게 보지 않고, 지각을 구조화하고, 윤색하고, 중요성을 더하며 무의식적 환상을 모든 지각에 부착하는 방법으로 세계를 인식한다고 하였는데, 영화의 섬세한 장치들과 색채는 할리우드 영화와는 비교할 수 없는 독특함이 있다. 특히 폴의 기억 속 장면은 과장된 동화 속 한 장면 같기도 한데 이 장면들은 성인이 된 시점으로는 기억하기 힘든 폴의 무의식적 환상(phantasy)을 보여주는 듯하다.

감독 실뱅 쇼메는 마르셀 프루스트의 「잃어버린 시간을 찾아서」의 많은 부분들을 영화에 담아낸다. 아마 프루스트의 열렬한 팬이 아니었을까? 생각이 든다.

영화 속 폴은 마담 프루스트가 준 이상한 차와 마들렌을 먹으면서 무의식 속 봉인된 기억 속으로 들어가게 된다. 이모들로부터 왜곡된 아버지에 대한 기억, 자신이 억압해 온 고통스러운 진실들을 마주하게 되면서 점차 성인으로 성장하게 된다.

프로이트는 "이드가 있는 곳에 에고가 있게 하라"라는 말로 정신분석치료의 궁극적인 목표를 말하고 있다. 폴은 자신의 과거를 기억해 내었고, 바라보았으며, 화해하고 인정하는 작업을 통해 비로소 성숙한 어른의 자아로 다시 태어날 수 있었다. 기억을 찾고 사진 속 아버지를 엄마와 자신의 옆으로 다시 복귀시키는 상징적인 작업을 통해 자신의 모든 것을 받아들인다.

기억은 주인 스스로 왜곡시킨다. 도저히 간직할 수 없는 기억들은 억압해 버린다. 하지만 왜곡하고 억압해버린다고 지워질 수 있는 것은 아니다. 마치 그리스 신화에 나오는 '시지프스의 형벌'처럼 바위를 산꼭대기로 굴려 올리지만, 그 무게로 인해 다시 아래로 굴러떨어지는 반복 재생하기 때문이다. 그것을 용기 있게 인식하고 받아들일 때 우리는 구원될 수 있을 것이다.

영화는 폴이 두살 때 미처 말하지 못했던 "papa"라는 말을 자신의 아이에게 되뇌는 것으로 끝났지만 이제 공허한 눈빛에 감정을 담고 매 순간 행복을 느끼며 살게 되지 않을까?

## 3. 정신분석적 접근 치료효과

### 1) 의식화

정신분석적 접근에서의 의식화는, 수면 위로 올라오지 못한 기억들을 스크린을 통해 의식으로 끌어내어 주는 형태이다. 무의식에 침잠되어 있던 불안, 상처, 적개심, 두려움, 그리움 등이 의식의 표피 밖으로 나오게 됨으로써 기억을 재해석하거나 교정적 재경험을 통해 축소하거나 긍정적으로 확대시킬 수 있다. 내담자들의 미해결된 아동기 감정양식이나 외상적 기억이 의식화되면 자신과 대면하게 되고 미성숙한 방식에서 조금은 성숙한 자신과 만나게 된다. 이러한 과정을 통해서 있는 그대로의 자신을 인정하게 됨으로써 과거에 얽매이지 않고 수용하는 힘을 얻게 된다.

### 2) 은유화

은유(metaphor)는 전달할 수 없는 의미를 표현하기 위하여 유사한 특성을 가진 다른 사물이나 관념을 써서 표현하는 것을 의미한다.

아리스토텔레스는 「시학」에서 메타포를 "본래 그것과는 다른 것에 속하는 이름으로 전이하거나 또는 비유에 의해 낯선 이름을 사용하는 것"으로 정의하였다. 여기서 낯선 이름과 전이라는 개념은 일반적인 것이 아니라 낯선 개념을 차용하여 언어의 통상적인 문맥에서 낯선 문맥으로 옮겨지는 것을 의미한다.

은유는 우리 주변에 비밀스럽게 항상 존재하고 있다. 우리는 1분에 약 6개의 은유를 말하는데 은유적 사고는 우리가 자기 자신과 타인을 이해하며, 의사소통하고, 배우며, 발견하는 방법에 필수적이다. 우리가 모든 추상적인 것들, 발상, 감정, 느낌, 개념, 사고 등을 다룰 때 우리가 필연적으로 은유에 기대는 커다란 사례인데 가수 '엘비스 프레슬리'의 노래 중 '올 슉 업(All Shook Up)'이란 사랑 노래가 있다. 이 노래 가사를 보면 손길은 손길이 아니라 오한이고, 입술은 입술이 아니라 화산이며, 그녀는 그녀가 아니라 미나리아재비(식물-꽃과)이다. 그리고 사랑은 사랑이 아니라, 완전히 뒤섞이는(all shook up) 것이라고 표현하였다. '엘비스 프레슬리'뿐만 아니라, '셰익스피어' 역시 '로미오와 줄리엣'에서 "줄리엣은 태양이야."라고 줄리엣에게 '태양'이라는 은유로 표현을 해주었다.

무의식에서의 언어활동은 이러한 은유를 통해 나타난다. 무의식에서 나온 욕구의 파생물들은 의식화되기까지는 언어가 아니라 구체적인 형체나 이미지로 치환된다. 이 현상은 특히 꿈에서 두드러지게 나타난다. 꿈이 무의식의 욕망에 대한 메타포라면 영화는 미장센과 연출 속에 감춰진 인간과 세상에 대한 메타포라고 할 수 있다. 인간의 오감을 통해 인지할 수 없는 것들도 공상, 상상, 환상의 힘을 빌어 그 영역을 넓혀 갈 수 있다.

무어(Moore)는 비주얼 메타포의 사용이 관람자로 하여금 더 영적인 수준에서 인생의 의미를 발견하고 더 가치 있고 의미 있는 것으로 경험하게 만든다고 하였다. 프로이트가 자신을 알기 위한 방법으로 아주 오래전에 자신의 꿈을 분석했던 것처럼, 내담자들은 영화를 통해 자신과 연결된 다양한 상징을 찾아낼 수 있다.

## 4. 정신분석적 접근 실습

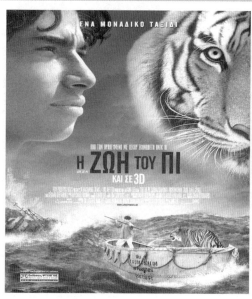

제목: 라이프 오브 파이(Life Of Pi), 2012

제작: 미국, 2013년 1월 1일 개봉

감독: 이안

출연: 수라즈 샤르마(파이 파텔), 이르판 칸(나이 든 파이 파텔)

줄거리

"지금부터 엄청난 이야기를 들려 드리죠. 아마 믿기 힘들지 모르겠지만."

인도에서 동물원을 운영하던 '파이'의 가족은 동물들을 싣고 이민을 떠나는 도중 거센 폭풍우를 만나게 되고 배는 침몰을 한다. 혼자 살아남은 파이는 가까스로 구명보트에 올라타지만 다친 얼룩말과 굶주린 하이에나, 그리고 오랑우탄과 함께 표류하게 된다. 또한 바로 보트 아래에 몸을 숨기고 있던 벵골 호랑이 '리처드 파커'가 있었다. 배고픔에 허덕이던 동물들은 서로를 공격하게 되고, 최후에는 파이와 리처드 파커만이 배에 남게 된다.

제목: 몬스터 콜(A Monster Calls), 2016
제작: 미국 외, 2017년 9월 14일 개봉
감독: 후안 안토니오 바요나
출연: 시고니 이버, 펠리시티 존스, 루아스 맥두걸, 리암 니슨
등급: 12세 이상 관람가

줄거리

　　이 영화는 원작인 '패트릭 넬스'의 소설에서 비롯되었다. 12살 소년 코너는 엄마가 난치병에 걸리자 홀로 집안일도 하고 힘들고 슬픈 나날을 보낸다. 고통스러운 현실에서 도망치기 위해 상상의 세계를 만들지만, 어느 날 밤, 주목나무 괴물 몬스터가 소년에게 나타나 "너를 만나기 위해 왔다."라고 외친다. 악몽보다 끔찍한 충격과 공포로 몰아붙이면서 세 가지 이야기를 들려줄 것이고, 끝나면 네 번째 이야기를 해야 한다고 말한다. 현실과 환상, 진실과 거짓이 공존하는 세상에서 이야기를 풀어간다.

● 실습 〉 9분할 통합 회화법

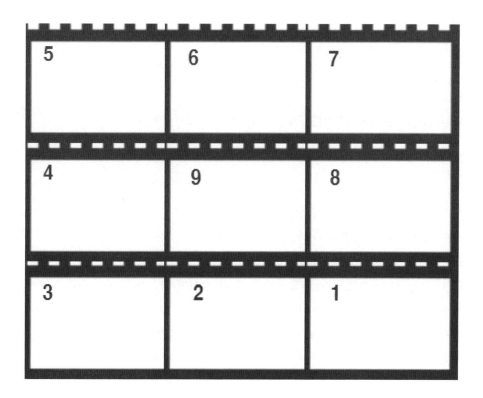

TIP | 9분할 통합 회화법

　　9분할 통합 회화법은 일본의 애지의과 대학 심리학과 모리타니 교수가 제안한 기법이다. 내담자의 복잡하게 얽혀 있는 내면의 여러 가지 요소들을 하나로 정리할 수 없을 때, 도화지에 테두리를 친 후, 화면을 3×3으로 9분할하여 각각의 칸 속에서 그림을 그리게 하는 방법으로 미술치료에서는 적용되어 왔다.

　　이 기법은 영화를 보고 떠오르는 단어를 명사나 형용사로 1번에 해당하는 칸에 적게 한다. 1번에 해당하는 곳에만 적고 나면, 2번부터 9번까지는 무의식적으로 떠오르는 단어들을 적는데 이때 영화와는 별개의 부분이라고 명시해줘야 한다. 이러한 실습은 자신의 내면을 스스로가 탐색하고 이해할 수 있으며 나아가 가족, 타인과의 관계 및 문제해결방안에 대해서도 통찰할 수 있다.

# Intro | 제5장 정서적 접근

정서 없이는 지식이 있을 수 없다.

우리는 진실을 알 수는 있으나, 우리가 그 힘을 느끼기 전에는 그것은 우리의 것이 아니다.

뇌의 인식과 더불어 반드시 영혼의 경험이 더해져야만 한다.

- Amold Bennett

「데카르트의 오류, 1994」에 나오는 '안토니오 다마지오'의 내담자이야기를 살펴보자.

엘리오트는 이마엽에 생긴 뇌종양을 제거한 후 감정을 인지하는 능력을 상실했다. 그러면서도 팔, 다리의 운동기능이나 언어 능력, 기억력, 계산 능력 등은 온전한 상태로 보존되어 있었다. 그러나 그는 정상적인 생활을 할 수 없었다. 그는 자신의 처지를 괴로워하지 않았으며 슬픔이나 불안도 없었는데, 스스로 감정을 억제해서가 아니라 좋고, 싫은 것 자체를 느끼지 못하게 되었기 때문이다. 때로는 대부분 놀라울 정도로 전과 동일한 기분을 유지하며, 종종 기분 좋은 상태를 보이기도 한다. 하지만 감정적인 측면에서 살펴보면, 시간을 어떻게 써야 하는지에 대한 감을 잃게 되고, 자신이 무엇을 좋아하는지도 모르며, 일에 의욕을 느끼지도 못한다. 사회생활에서 그는 사람들과 쉽게 사귀었고 특별히 그들을 경계하지 않았다. 결국 그를 이용하는 사람들이 그의 곁을 채워갔다. 그를 진료한 다마지오는 내담자와 이야기하고 있으면 정작 슬퍼해야 할 당사자보다 의사인 자신이 더 괴로워하는 것 같다고 할 정도였다.

우리가 가끔씩 겪는 일이 이러한 내담자들에게는 극단적이고도 지속적으로 나타난다. 우리가 실수를 저지르는 이유는 우리의 특정 감정을 주의 깊게 지켜보지 않거나 다른 사람의 감정을 이해하지 못했기 때문이다. 안토니오 다마지오는 최악의 경우든 최고의 경우든 감정을 표현하고 느끼는 능력은 이성의 일부라는 결론을 내렸다. 감정은 심지어 불편한 감정까지도 우리에게 필요하다는 것이다. 그렇다면 감정이란 무엇일까?

제5장

# 정서적 접근

## 1. 정서, 정동, 기분의 정의

### 1) 정서

> 감정(정서) emotion: 외부 자극에 대한 단기적, 인지적 반응
>
> emotion = e(out, 밖으로) + motion = 밖으로 향하는 운동

의식적으로 경험된 인간의 정서는 기분 상태 및 행위경향성이 이를 촉발한 상황 및 자기와 결합될 때 생겨나는 경험이다. 따라서 정서는 여러 가지 수준의 처리 과정이 통합된 것이다. 여기에는 각기 고유한 행동 경향성이나 얼굴 표정을 수반하는 두려움, 분노, 슬픔과 같이 구체적인 정서 경험도 있고, 보다 복잡한 이야기나 각본을 수반하는 질투나 자부심 같은 복합적인 정서도 있다. 여기서 행동 경향성이라는 의미는 외부자극에 의한 반응으로 정서가 발생하고, 정서를 느낄 때 동기를 수반하고 어떤 행동을 하도록 이끈다는 것이다. 공포는 도피하려는 동기를, 분노는 공격하려는 동기를 동반하는 것으로 알려져 있고 이 반응은 생존에 적응적인 반응이다.

정서는 경험에 개인적인 의미를 부여한다. 정서는 외부 자극에 대한 반응인데 뜨거운 물건에 손이 닿으면 바로 손을 떼는 반사적인 반응과 달리 뇌에서 인지 과정을 거쳐 나오는 반응이다. 누군가가 교통사고로 사망했다는 소식을 접할 때, 그 사람과 친한 관계였는지 아니면 전혀 모르는 사람인지에 따라 우리의 정서는 달라진다. 즉 나에게 감정을 일으킨 사건 자체뿐만 아니라 그 사건의 의미에 따라 감정이 달라지는데 이때의 인지 과정은 항상 상황을 언어로 표현할 만큼의 의식적인 과정은 아니다. 자신이 지금 경험한 상황을 뇌가 의식적으로 이해하기 전에(지금 보고 있는 것이 무엇인지 말할 수 있기 전에), 우리의 뇌는 지금 보고 있는 것이 좋은지 싫은지를 느낀다. 이러한 경험을 우리는 매 순간 삶 안에서 마주하고 있다. 특히, 영화는 본능적으로 억압하는 감정을 중화시킨다. 사람들은 타인들과의 관계에서 자신을 드러내기보다는 영화 속 스토리를 보면서 자신의 정서와 만나게 되고, 그 어느 때보다 극대화시킨다. 이러한 경험은 상담 장면이나 치료 세션 중 내담자들이 동일시했던 영화 속 등장인물들에 대해 경험했던 것들을 나누면서 자신의 삶에 의미를 부여하고 의식 속에 숨겨진 정서를 경험할 수 있다.

## 2) 정동

> 정동(affect): 객관적으로 드러난 관찰 가능한 감정상태
> affect = 접촉해서 흔적을 남긴다는 의미의 라틴어 affectus에서 나온 말

정동은 자극에 대한 무의식적이고 생리적이며 신경학적인 과정들의 반응을 의미한다. 정동에는 반영적 평가가 포함되지 않는다. 정동은 단지 일어날 뿐이다. 얼굴표정, 말투, 행동 등에서 확인된다. 인간은 자신의 감정을 느끼지만, 타인의 감정은 느끼지 못하고 얼굴표정이나 말, 또는 행동을 통해서 추론할 수 있다. 추론 과정은 의식적인 과정뿐만 아니라 무의식적인 과정까지 포함한다.

외부 관찰자는 추론을 통해 당사자가 느낀다고 말하는 감정 상태보다 더 정확하게 그 당사자의 감정 상태를 평가할 수도 있다. 어떤 사람이 자신이 화가 났다고 말할 때 실제로는 그렇지 않을 수도 있다. 실은 두렵거나 질투가 나거나 이 감정들이 모두 혼합된 상태일 수 있지만, 본인은 화가 난 것이라고 느끼기도 한다. 정동이라는 말은 객관적으로 드러난 감정을 말하기 때문에 정신과에서 많이 사용하는 용어이다. 그러나 일상에서는 감정(정서: emotion)과 거의 같은 의미로 사용된다.

## 3) 기분

> 기분(mood): 오랫동안 지속되는 경향성

기분은 외부 자극에 대한 단기적인 반응인데, 특별한 외부 자극이 없는데
도 장기간 행복해하거나 슬퍼하는 것처럼 보이는 사람들이 있다. 이렇게 오랫
동안 지속되는 경향성은 감정과는 다른 범주로, 기분(mood) 혹은 기질(tempera
ment)이라고 한다. 돌부리에 걸려 넘어져 느꼈던 화나는 감정은 오래가지 않
아 사라지는 것처럼 감정은 시간이 지나면서 약해진다. 그러나 기분은 금방
사라지는 감정과는 달리 좀 더 긴 시간 동안, 적어도 몇 시간에서 며칠 단위로
지속되어 감정을 떠받치는 정신 상태이다. "나는 오늘 기분이 좋지 않다"라고
말할 때의 기분이 그런 의미로 사용되고, 기분은 또한 같은 감정이 반복해서
나타날 때 그것을 일컫기도 한다.


## 2. 정서적 접근 특징

### 1) 정서는 좋은 것, 싫은 것이다 말할 수 없다

'안토니오 다마지오'의 내담자 사례와 비슷한 신경학 교과서에 자주 등장
하는 유명한 내담자가 있다. 1848년 9월 13일 미국의 철도 건설 현장에서 일
하던 '피니어스 게이지(Phineas Gage)'는, 철로작업 중 화약폭발사고로 쇠막대
기가 그의 왼쪽 뺨으로 들어가 머리뼈와 뇌를 관통하여 머리 위쪽으로 나왔
다. 머리를 그렇게 많이 다쳤음에도 불구하고 그가 살았다는 것 자체가 기적
적이었고, 더욱이 마비, 언어장애, 기억력 상실과 같은 후유증도 없이 살았다
는 것은 매우 희귀한 경우였다. 당시 임상 기록을 보면 사고로 인한 가장 큰
변화는 성격의 변화였다. 사고 전 그는 동료들과 잘 어울리고 책임감이 강했
으나, 사고 후에는 화를 참지 못했고 행동은 충동적으로 변했으며 자신의 장
래나 행동의 결과에 대해 신경 쓰지 않았다. 결국 직장도 한곳에 있지 못하고
여기저기 떠돌아다니다가 12년 뒤 사망한다. 당시 의사들은 그가 보여 준 임상

사례가 좀 더 연구할 가치가 있다고 생각해서 시신을 발굴, 머리뼈와 쇠막대기를 하버드 의대에 보관하였다.

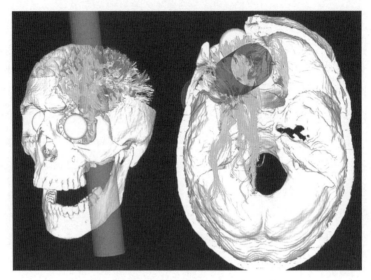

〈피니어스 게이지(Phineas Gage) 사례〉,
https://en.wikipedia.org/wiki/Phineas_Gage

피니어스 게이지의 부상은 많은 의사와 학자들에게 뇌의 기능에 대한 의문점을 던졌고, 전두엽이 추상적인 생각, 판단, 예측, 충동 억제 등의 기능을 한다는 것을 추론할 수 있게 했으며, 수많은 실험과 연구를 통해 증명되었다.

1994년 다마지오는 영상 기술을 이용해서 피니어스 게이지의 뇌에 가해진 손상을 평가한 결과, 쇠막대기는 운동 기능이나 언어를 담당하는 부위는 건드리지 않았고, 이마 옆의 앞부분을 주로 손상시킨 것으로 나타났다. 이것이 게이지가 감정을 조절하지 못하게 되고 성격이 변한 원인이었던 것이다.

다마지오의 연구 결과는 큰 의미를 가진다. 도덕적 행위나 의사 결정의 동기가 이성의 영역이었다고 생각해 왔던 오랜 통념을 깨고, 감정의 영역일 수 있다고 생각하게 된 것이다. 감정이 전혀 없다면 판단 자체가 불가능하기 때문에 합리적인 판단은 어려울 수 있다. 감정적으로 불안정한 경우 의사 결정에 나쁜 영향을 미치고, 질투나 화와 같은 감정은 파괴적인 결과를 초래하기도 하는 것처럼 감정적인 것이 좋은 결과를 가져온다는 의미는 아니다. 그렇다고 해서 감정이 판단에 결정적인 역할을 한다는 사실을 부정할 수는 없지 않은가?

우리는 매 순간 결정을 한다. 아침에 일어나서 옷을 입을 때도 어떤 옷을 입을지 결정을 한다. 물론 스티브 잡스의 경우는 예외일 수도 있지만 데이트를 할 때, 면접을 볼 때 등 중요한 날에는 무엇을 입을지 더 고심하는 경우가 대부분일 것이다.

여러 가능성 중에서 한 가지를 선택할 때 그것이 '좋은지 싫은지' 혹은 '즐거운지 괴로운지' 등과 같은 직감으로 판단하게 되는데, 선택할 후보 대상을 생각할 때 우리의 머릿속에는 '좋다'와 '싫다' 둘 중 하나가 떠오르고, 그에 따라서 선택할지 버릴지를 결정한다. 우리가 경험하는 모든 감정은 크게 이 두 가지로 나눌 수 있다.

달콤 쌉쌀한(bitter sweet) 느낌처럼 어디에 속할지 애매한 단어들도 있지만, 대부분 기쁨이나 행복처럼 '좋은 것' 혹은 슬픔이나 우울처럼 '싫은 것'으로 분류할 수 있다. 물론 슬픔이나 우울은 필요한 것이기 때문에 결과적으로 슬픔은 좋은 것이라고 반문할 수도 있다. 그러나 선택의 순간에는 결국 좋은 것과 싫은 것으로 분류된다. 달콤 쌉쌀함은 때에 따라서는 좋은 것으로 선택되고, 다른 경우에는 싫은 것이 되기도 한다.

영화를 보면서 우리는 자신의 감정과 접촉하게 된다. 한바탕 웃고 본 영화라고 해서 좋은 영화, 행복하게 만드는 영화라고 할 수 없다. 또한, 주체할 수 없을 만큼 눈물을 쏟거나, 분노를 일으키는 영화라고 해서 다시는 보고 싶지 않을 정도의 싫은 영화가 아니라 그 안에서 무엇이 그런 감정을 느끼게 했느냐가 더 중요하다.

## 2) 단 시간 안에 다양한 정서를 느끼고 경험할 수 있다

감정이라는 개념은 데카르트가 주장한 6가지 기본 정념에서 찾아볼 수 있지만, 보편적인 기본 감정이 존재한다는 주장은 다윈의 진화론에서 유래한다. 다윈은 인간이 진화의 산물이듯 감정도 진화의 결과로, 다른 동물들에서도 관찰되는 보편적인 것이라고 주장한다. 이 전통을 따르는 학자들은 다윈이 말한 보편적인 감정을 여섯 가지로 정리하여 '빅 식스(big six)'라고 한다. 이는 에크만이 인간의 기본 감정이라고 말한 6가지 감정과 같다. 그러나 이 6가지 감정 중 놀람이 감정의 분류에 속하는가에 대한 의견이 분분하다. 많은 학자들은 감정은 좋거나 싫거나 하는 느낌이 있어야 하는데 놀람(surprise)은 오히려 '중립적'에 가깝다고 생각한다.

〈P. Ekman의 6가지 기본감정〉

일반적으로 영화는 2시간 내외의 시간 동안 관람하는 형태이다. 영화를 보는 동안 관객들은 정서적 정화의 경험을 하고 자신의 정서를 그 어느 때보다 극대화 시키게 된다. 영화를 관람하는 그 시간 안에 우리는 하나의 정서만 느끼는 게 아니라 에크만이 말한 여러 감정들과 접촉하게 된다. 평소에는 억압해 내면 안에 꾹꾹 눌러놓았거나 말할 수 없었다면 영화를 통해 억압했던 정서가 무엇이며, 왜 그래야만 했었는지 스스로 바라볼 수 있다. 그 과정에서 내담자는 자신의 삶에 대해 바라보고, 의미를 부여하고 가치의 우선순위를 매길 수 있게 된다. 영화 <인 사이드 아웃>은 우리가 느끼는 정서적인 특징을 의식적으로 바라볼 수 있는 좋은 예의 영화다.

영화 〈인 사이드 아웃(In side Out)〉

2015년 개봉한 영화 <인 사이드 아웃(In side Out)>에서도 5가지 감정에서 surprise가 빠져있는데, 감독 피트 닥터는 surprise와 fear가 매우 비슷하다고 판단했기 때문이다. 또한 행복이라는 감정은 외부 상황에 따라 나타나는 단순한 감정과는 구별되는, 좀 더 복합적인 감정 상태로 분류된다. 이처럼 기본 감정 개념을 옹호하는 사람들 사이에서도 그 종류에 대해서는 다양한 의견이 있는데, 가장 공통적으로 많이 포함된 감정은 공포, 분노, 슬픔, 기쁨 등이다. 물론 기본 감정 개념 자체를 인정하지 않는 학자들도 많다.

유교 문화권에서 감정을 설명할 때 가장 많이 인용되는 것은 희로애락(喜怒哀樂)과 칠정(七情)이다. 에크만의 여섯 가지 기본 감정과 유교 문화권의 희로애락이나 칠정에 속한 감정 중 공통적인 것은 기쁨(행복), 슬픔, 공포(두려움), 분노이다. 그러면 이 네 가지는 인간이라면 누구나 느끼는 감정이라는 의미에서 보편(universal)감정이라고 할 수도 있으나 몇 개의 문화권에서 도출된 개념으로 전체 인간의 보편적인 특성이라고 단언할 수는 없다.

감정이란 너무나 다양해서 일반화하기가 어렵고, 감정을 표현하는 말뿐만 아니라 감정이라는 말 자체도 역사적이고 문화적인 개념이므로 동일한 감정을 표현하는 언어가 다를 수 있다. 즉, 문화에 따라 다른 감정의 미묘한 차이를 다른 언어 사용자가 공감하기는 어렵다. 예를 들어 우리말의 슬픔과 영어의(sadness)가 완전히 동일한 의미라고 볼 수는 없을 것이다. 이러한 보편 감정이라는 개념은 한계가 있다.

내 머릿속 감정을 컨트롤할 수 있다면 얼마나 좋을까?

주인공 '라일리'는 평화롭고 즐거운 일상이 펼쳐지는 고향 미네소타를 떠나 샌프란시스코로 이사를 온다. 미네소타는 쓰리엠의 도시인데 쓰리엠은 Minnesota Mining & Manufacture의 첫 글자를 모은 회사로 포스트잇을 만드는 전형적인 브릭스(bricks) 회사다. 브릭스는 브라질, 인도, 차이나, 남아공의 집합(set)이름이다.

라일리의 아버지는 제2의 인터넷 혁명으로 샌프란시스코에서 새로운 사업을 시작하게 되고 그로 인해 '라일리'가 겪게 되는 공간의 낯섦에 적응하는 것이 이 영화의 주된 줄기이다. 샌프란시스코는 스포티파이(Spotify), 스퀘어(Square), 야머(Yammer)의 본사가 있고 아마존과 마이크로소프트의 본사가 있고 근처에는 그 유명한 실리콘밸리로 애플과 구글 등의 본사가 있다. 새로운 시대, 그 시대에의 적응은 12살 라일리에게도 적용이 된다. 그로 인해 그간 쌓아 올렸던 우정, 가족, 정직 등의 가치를 상징하는 머릿속 섬들을 한 번에 붕괴시키고 새로운 섬을 만들어 가는 과정에서 다섯 가지 감정과 만나게 된다. 이 다섯 가지 감정을 의인화하고, 추억, 꿈, 생각 등 머릿속 사고체계를 직접 눈에 보이는 세계로 구현한 기발한 상상력의 영화이다.

• 기쁨, happiness | "모든 게 다 잘 될 거야!"

라일리의 감정 컨트롤 본부의 대장으로 선택된 '기쁨'이는 오랜 기간 라일리의 삶을 주도하고 책임져왔다. 낯선 환경 속에서 즐거움을 찾아 웃음을 선사하고 밝은 빛을 내며 긍정적인 생각을 하려고 한다.

• 슬픔, sadness | "세상은 너무 슬퍼"

파란 빛깔과 눈물이 거꾸로 된 모습에서 보이듯 잘하는 게 무엇인지 모르고, 라일리에게 어떠한 도움도 되지 않는다고 여기며 자신의 존재 자체가 오히려 주변을 힘들게 한다고 여긴다. 우유부단하고 무슨 일이든 망설인다. 움직임이 느리고 무기력하다.

- 버럭, anger | "화가 난다 화가 나!"

일이 계획대로 이루어지지 않거나 누구든 자신을 얕잡아 보는 것 같으면 머리에서 불꽃이 나오며 버럭 화를 낸다. 참을성이란 찾아볼 수 없고, 쉽게 과민 반응하며 무슨 일이든 일단 화부터 내는 다이너마이트 같은 존재이다.

- 까칠, disgust | "어쩌라고?"

세심하지만 직설화법으로 세상의 모든 불만을 독선적으로 표현한다. '라일리'가 전학 간 학교에게 만나는 친구들에게 기죽지 않도록 작년에 유행했던 패션 트렌드를 읽고 장소와 물건들을 매의 눈으로 바라본다.

- 소심, fear | "앉으나 서나 걱정이군.…"

'소심'이의 주요 임무는 '라일리'가 새로운 상황에서 일어날 수 있는 모든 위험한 것들로부터 안전하게 보호해주는 것이다. 안절부절 눈만 뜨면 감시 모드로 들어간다.

이 영화에서는 인간의 감정 중 '슬픔'의 힘에 대해 이야기한다. 슬픔이란, 감정의 정화 작용으로 '아리스토텔레스'는 비극론에서 '카타르시스'라는 감정의 배설을 말하고 있다. 누구나 원하는 기쁨으로만 성격이 구성된다면 이는 건강하지 않을 것이고 머리에 꽃을 꽂고 사는 것(광녀)과 다를 바가 없을 것이다. 그런 감정의 브레이크를 슬픔이 가지고 있다. 영화 초반부에 '슬픔'은 라일리에게 어떠한 도움이 되지 않는 무용지물처럼 느껴지지만 결국 '슬픔'으로 라일리는 낯설고 비참한 상황을 극복할 힘을 되찾는다. 감정에 대한 우리의 태도는 양가적이라고 말할 수 있는데, 우리는 다양한 감정을 통제되어야 할 대상으로서의 감정, 억압해야 할 감정, 그래서 맘껏 발산해 버리고 싶은 감정으로 구분하여 인식한다. 어느 쪽이든 감정과 나 사이에는 어떤 간극이 존재한다. 마치 미국이 백인, 흑인, 히스패닉 등이 다양성의 가치로 모여 있는 것과 동일한 맥락이다. 우리의 행복은 기쁨과 슬픔, 그리고 까칠함과 버럭, 소심함을 포함한 수많은 감정들의 오케스트라가 선사하는 아름다운 선율인 것이다.

이기심이나 불만이나 슬픔 등 보여주고 싶지 않은 감정들은 오히려 진정한 자신을 알려주는 신호일 수 있다. 즉, 보고 싶지 않았던 자신의 모습, 자신의 무의식 안에 존재하는 그대로의 감정도 우리의 참모습 중 하나인 것이다.

### TIP | 어떻게 하면 기본 감정으로 인정될 수 있을까?

- 갑자기 시작된다: 감정은 하나의 사건이나 생각에 대한 반응이다.
- 지속력이 약하다: 감정은 사건에 대한 반응으로 시간이 지나면 사라진다. 슬픔이 길어지는 상태는 하나의 감정이 아니라 기분이나 느낌으로 여겨진다.
- 다른 감정들과 구별된다: 기본감정은 각기 다른 감정과 구별되어야 한다. 분노와 두려움은 뒤섞일 수 있지만, 이는 분명한 두 개의 감정이다.
- 아기에게서도 나타난다.
- 각각의 방식으로 몸에 자극을 준다: 각각의 기본 감정은 확언히 구별되는 물리적 반응이 나타나야 한다. 예를 들어 두려움과 분노 2가지 감정 모두 심장박동수를 증가시키지만, 분노는 손가락의 피부온도를 상승시키는 반면, 두려움은 손가락을 차갑게 만든다. 현대의 측정방법인 양전자 단층촬영이나, MRI 영상을 확인해보면 뇌에서도 그 차이가 관찰된다.

    진화심리학자들은 다음의 3가지 다른 기준을 제시하기도 한다.
- 모든 사람들에게 보편적인 얼굴표정이 나타난다: 이 기준은 오랫동안 논란의 대상이다.
- 보편적인 상황에서 나타난다: 상실에 대한 슬픔 등이 있다.
- 유인원에게서도 관찰될 수 있다.

정서를 다룰 때 치료자 간 의견이 일치하는 것이 하나 있는데 그것은 바로 자기의 감정과 '접촉하는 것'이 유용하다는 것이다.

임상장면에서는 핵심적인 정서경험을 과도하게 통제하거나 회피함으로써 문제가 일어나는 경우를 매우 흔하게 접한다.

## 3) 정서는 출현하고 완결되는 자연적 과정을 밟는다

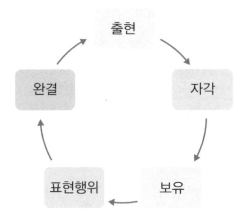

정서는 출현하고 완결되는 자연적 과정을 밟는다. 정서는 의식적인 상징적 사고에 앞선 감각의 형태로 복합적이고 전의식적인 판단 과정을 거쳐 발생한다. 정서는 분명한 출발점이 없이 흐름에 따라 역동적으로 전개되는 과정으로 상황에 대한 의식적 평가에 앞서 개인적인 의미를 먼저 이해해야 한다. 영화는 사람과 사람 사이의 관계에 대한 이야기를 전반적으로 다루고 있다. 그이야기 안에서 내담자들은 자신의 정서가 출현되고 완결되는 경험을 간접적으로 느끼게 된다.

인간의 감정은 아주 오래전부터 서양 철학자들의 관심 대상이었지만, 주로 이성을 위협하는 것으로 항상 논점의 주변에 머물러 있었다. 이성과 감정은 종종 주인과 노예의 관계로 비유되었고, 이성의 지혜로 감정의 위험스러운 충동을 조절해야 한다는 전통이 강했다. 현대인들도 대부분 감정은 동물적이고 본능적인 것으로, 열등하며 위험할 수 있기 때문에 이성에 의해 조절되어야 한다고 생각한다. 인간의 본성에는 서로 다른 두 개의 성향이 있어 서로 끊임없이 갈등한다는 개념에서 나온 것으로 인간의 마음을 이성과 감정으로 나누는 것은 마음을 쉽게 이해하기 위한 인위적인 분류이지, 감정 따로 이성 따로 있는 것은 아니다. 이 사실을 염두에 두어야 감정을 훨씬 더 잘 이해할 수 있다.

### 4) 다양한 정서 경험은 친밀감과 의사소통에 도움을 준다

언어적으로 표현하기 어색해하거나, 상담할 때 더할 나위 없이 좋은 매체가 영화이다. 자신의 이야기를 직접적으로 꺼내기 망설이거나 방어가 심한 내담자일 경우에 직면시키기보다는 영화에 등장하는 인물에 대해 이야기를 하다보면 자연스럽게 타인과 관계 맺는 방식 등을 통찰할 수 있고 라포 형성에 도움을 준다.

## 3. 정서적 & 정화적 접근 치료효과

첫째, 단계적인 과정(stage process)을 통해 감정을 치유하고 승화시킨다. 경험을 언어로 상징화하고 묘사할 수 있는 상징적 능력이나 서술적 능력이 충분히 발달하지 못한 아동기에 경험하는 외상적 경험들은 더욱 강한 기억을 남긴다. 아동기 외상적 경험은 상징화되지 못한 채 정서기억 속에 저장되고 이때문에 더욱더 수용하기 어렵고 강렬한 정서적 흔적을 남기게 된다.

외상 후 기억들은 안전한 치료 상황에서 과거의 두려움이나 강렬한 정서적 반응을 어느 정도 각성시켜 재처리해야 한다. 외상적 경험을 이야기의 형태로 상징화하여 경험에 통합해야 하는데, 즉, 정서 뇌의 감각적 요소를 언어로 전환해야 기억을 신피질의 통제하에 놓을 수 있고 이를 의미 구조 속에 온전히 통합할 수 있게 된다.

억압된 정서, 외상적 경험들을 욕구나 충동들에 직면시키기보다는 영화를 통해 자신의 감정을 자연스럽게 외부로 방출해봄으로써 행동에 이성적인 요소가 연합되어 감정을 승화시킬 수 있다.

둘째, 심리적 위로를 통해 안전감과 지지를 제공받는다. 나쁜 감정들에는 흔히 정당한 힘(권한, 능력)을 잃어버렸다는 상실감이나 관계에 대한 상실감이 포함되어있다. 치료자는 먼저 내담자의 경험을 정당하게 인정할 필요가 있으며, 내담자가 감정에 대한 통제력을 회복할 수 있도록 도와야 한다. 이를 위해서는 먼저 치료적 동맹관계, 즉 라포 형성이 필수적인데 그 과정에 영화만큼 강력한 매체는 없다. 영화 <히든 피겨스(Hidden Figures)>의 주인공들처럼 인권, 인종에 대한 차별, 모두 NO라고 할 때 주저앉거나 안주하기보다는 '나만 힘든 게 아니구나', '나도 저 주인공들처럼 용기를 내어 도전해봐야지'라며 심리적 위로를 받을 수 있다. 또한, 자신만이 세상에 던져진 것 같은 고립감, 고통을 받는 상황에서도 혼자가 아님을 영화를 통해 지지를 받을 수 있다.

셋째, 감정들을 상징화하고 표현할 수 있다. 영화 한 컷, 한 컷은 이미지이며 상징이다. 내담자들은 고통 속에 있던 처해있는 현실과 마주하게 되고 때론, 어린 시절부터 반복되어왔던 문제를 알아차릴 수 있다. 영화를 보면서 잠시라도 사랑받지 못했다는 자괴감과 억울함, 분노와 같은 감정들을 수용하게 되고 이를 의식 속에서 상징화하여 경험하고 표현하게 된다.

또한 그 감정이 어떻게 생성되었고 원인이 무엇이며, 그 결과가 어떠한지를 의식적으로 경험할 필요가 있다. 예를 들어 내담자가 불안정감을 느끼고 있을 때 진정한 변화를 도모하려면 "왜" 그런지 이해하는 것보다 "무엇이" 경험되는지를 상징화하고 정서가 "어떻게" 경험되는지(어떤 내적 과정에 의해 이런 경험을 하게 되는지)를 자각하는 것이 더욱 중요한데 영화를 관람하면서 자신과 전혀 다른 인물에 만족감을 느끼거나 현실에서는 도저히 이루어질 수 없는 가상 세계, 판타지 등에서 대리만족을 느낄 수 있다.

정화적 접근에서는 흔히 감정을 '제거'하거나 '빼낸다'라는 비유를 사용한다. 하지만 이런 비유는 정서를 경험하고 변화할 때 일어나는 미묘하고 다양한 측면들을 간과하고 있는 것이다.

## 4. 정서적 & 정화적 접근 시 선택해야 하는 것

첫째, 내담자가 최근 느끼는 감정은 어떤 감정이고, 외부로 표현하지 못하는 감정은 어떤 감정인지 파악한다.

사람들마다 정서적으로 느끼는 온도차는 다르다. 현재 이슈에 따라 동일한 영화를 과거에 봤을 때와 지금 이 순간 볼 때가 다를 수 있다. 그 온도의 차이를 잘 알아차려야 한다. 또한, 강렬한 경험은 더디게 올 수도 있고, 갑작스럽게 스프링처럼 튀어나올 수 있다.

둘째, 영화를 보는 대상의 연령층, 환경, 대인관계 등을 고려해야 하며 영화를 관람할 때 역동을 일으키는 감정을 잘 살펴봐야 한다.

例 영화 〈우리 개 이야기(いぬのえいが, All About My Dog)〉를 보며 슬픔에 잠기는 내담자도 있지만, 동물에 대한 상실 경험으로 거부하는 내담자도 있다.

영화 〈귀향(Spirit's Homecoming)〉은 관람할 엄두를 내지 못하고 표만 예매할 정도의 강렬한 감정을 표현하는 내담자도 있다.

셋째, 동일한 영화라 할지라도 상담 초기, 중기, 후기 중 언제 보여줄지를 선택해야 한다.

例 영화 〈님아, 그 강을 건너지 마오(My Love, Don't Cross That River)〉는 89세 강계열 할머니, 98세 조병만 할아버지가 나오는 영화이다. 부부는 어디를 가든지 고운 한복을 입고 다니는데 나이가 지긋한 분들이 영화 속 주인공이라고 해서 노년층에게 영화를 보여주는 것은 빗나간 관람형태 일 수 있다. 나이대가 비슷한 경우에는 영화 속 주인공처럼 애틋하지 않음에서 오는 감정, 죽음을 맞이하는 장면에서의 직면이 더 큰 상처로 다가올 수 있기 때문이다. 동일한 영화라 할지라도 언제, 몇 회기에 보여줘야 하는지 세심한 주의가 필요하다.

넷째, 내담자에게 정서 그 자체를 느끼게 하는 것이 중요하다. 정서가 충만한 등장인물들이 나오는 영화라고 해서 충분히 느끼는 것이 아니다. 또한, 분노의 감정을 표출하게 한다고 분노하는 영화를 보여준다고 해서 내담자가 영화 속 등장인물처럼 감정을 표출하는 것도 아니다. 반대로, 웃음의 코드를 보여준다고 깔깔거리고 웃거나 좋아하는 것도 아니다. 내담자가 어떠한 정서든 그 자체를 느끼고 표현하게 하는 게 중요하다.

# ◗ 참고문헌

김서영 (2014). 「영화와 정신분석」. 은행나무.

김서영 (2014). 「내 무의식의 방」. 책세상.

김은하 외 (2016). 「영화치료의 기초: 이해와 활용」. 박영스토리.

박경애 (2013). 「아동 및 청소년을 위한 인지행동치료 상담사례」. 학지사.

심영섭 (2011). 「영화치료의 이론과 실제」. 학지사.

비르기트 볼츠. 심영섭·김준형·김은하 역 (2006). 「시네마테라피」. 을유문화사.

이무석 (2006). 「정신분석에로의 초대」. 도서출판 이유.

이준석 (2012). 프로이트, 「구스타프 말러를 만나다」. 이담북스.

이창재 (2014). 「프로이트와의 대화」. 학지사.

제럴드 코리. 조현춘 외 역 (2010). 「심리상담과 치료의 이론과 실제」. 시그마프레스.

제레미테일러. 고혜경 역 (2006). 「꿈으로 들어가 다시 살아나라」. 성바오로.

최외선 외 (2006). 「미술치료기법」. 학지사.

최현석 (2011). 「인간의 모든 감정」. 서해문집.

프로이트. 김기태 역 (2011). 「꿈의 해석」. 선영사.

프로이트. 이환 역 (2014). 「꿈의 해석」. 돋을새김.

Leslie S. Greenberg. 김현진 역 (2015). 「정서중심치료」. 교육과학사.

SAMUEL E WOOD 외. 장문선·김지호·진영선 역 (2015). 「심리학의 세계」. 학지사.

Susan Nolen−Hoeksema. 이진환 외 역 (2014). 「심리학 원론」. CENGAGE Learning.

Birgit Wolz (2004). 「E−Motion Picture Magic. A Movie Lover's Guide to Healing and Transformation」. Glenbridgepub Ltd.

http://www.cinematherapy.com

# 제3부

# 사진치료

# Intro

- 사진(寫眞, photography)

photography(사진)는 그리스어의 'photos(빛)'와 'graphien(그리다)'에서 유래한 말이다.

photos(빛) + graphien(그리다) → photography(사진)

- 최초의 영상기구 카메라 옵스큐라

카메라 옵스큐라(camera obscura)는 사진기의 원형으로, 상자의 작은 구멍을 통해 빛이 들어와서 상자의 내부 벽에 외부의 상(image)을 맺게 하는 기구이다. 이때 외부 물체의 이미지는 상하-좌우가 바뀌어서 나타난다.

라틴어로 카메라(camera)는 '방'을 의미, 옵스큐라(obscura)는 '어두운'을 의미한다. 즉, 카메라 옵스큐라는 합해서 '어두운 방', '암실'을 뜻한다. '암실상자'라고 표현할 수 있다.

상자의 작은 구멍에는 렌즈를 부착해서 선명한 이미지를 얻을 수 있는데, 이는 외부 세계의 상을 포착할 수 있는 기구로 최초의 영상기구이다.

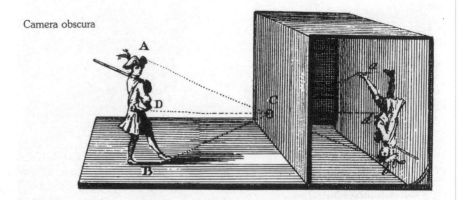

Camera obscura

〈카메라 옵스큐라(camera obscura)〉

제1장

# 사진치료의 이해

## 1. 사진의 발달

### 1) 사진의 발명

우리가 일반적으로 사용하는 포토그라피(photography), 즉 사진이란 용어는 1839년 영국의 허셸(Herschel, J. W.)에 의해 처음 사용되기 시작하였다. 사진이 등장하기 아주 오래전부터 화가들은 작은 구멍이나 렌즈를 통해 들어온 빛이 거울에 반사되어 초점판 유리에 맺히는 상의 윤곽에 따라 반사된 이미지를 화폭에 담았다. 이는 카메라의 원형이라 할 수 있는 '카메라 옵스큐라(camera obscura)'는 '어두운 방'이란 말처럼 작은 구멍이 뚫려 있는 어두운 공간을 의미한다.

● 카메라 옵스큐라에 대한 최초의 기록자: 레오나르도 다 빈치(Leonardo da Vinchi)

사진의 발생에 있어서 가장 중요한 역할이 된 것은 '카메라 옵스큐라(camera obscura)'였다. 레오나르도 다 빈치(Leonardo da Vinchi)는 '카메라 옵스큐라'에 대한 최초의 기록을 남겼는데 그의 비공개된 노트에는 다음과 같이 기록되어 있다.

"만약 한 채의 주택이 있고 그 주택의 햇빛이 들지 않는 벽에 조그맣고 둥그런 바람구멍이 있으며, 그 벽 맞은편으로 양지바른 건물 혹은 광장이나 들판이 보인다면, 햇빛에 비치는 모든 광경은 스스로의 영상을 이 구멍을 통해 들여보내 반대편 벽에 자신을 나타

낼 것이다. 그리고 그 벽이 흰색이라면 원래대로의 모습이 그곳에 비추어질 것이다. 단 거
꾸로 비춰질 것이다. 만약 그 벽에 구멍이 여러 개 있다면 각각의 구멍마다 같은 결과가
생길 것이다."

• 사진의 아버지, 조세프 니세포르 니에프스(Joseph Nicephore Niepce)

프랑스의 사진제판 발명가이다. 1826년 세계 최초의 사진촬영에 성공하
였는데 이것을 헬리오그래피라고 하였다. 헬리오그래피는 태양광선으로 그리
는 그림이라는 뜻이다. '카메라 옵스큐라'에 비친 이미지를 영구적인 이미지로
만든 최초의 발명가이자 사진의 아버지인 프랑스의 조세프 니세포르 니에프
스(Joseph Nicéphore Niépce, 프랑스의 화학자이자 발명가)는 자신의 처리방식을 헬
리오그래피(heliograpy)라 명명하였다.

〈세계 최초의 사진: 르 그라 창문에서 본 풍경(1826)〉

위 사진은 세계 최초의 사진으로 조세프 니세포르 니에프스가 찍은 '르
그라 창문에서 본 풍경'(1826)이라는 작품이다. 서재 밖 풍경을 찍은 사진으로
작업실 안에서 창문 밖에 8시간 노출시킨 끝에 탄생시킨 빛으로 그린 그림의
시작은 풍경이었다.

1827년 12월 다게르와 10년간의 공동연구를 위한 계약을 체결하고 연구
에 들어갔으나 사망으로 인해 완성하지 못했다.

- 다게레오타입을 완성한 루이 쟈크 망데 다게르(Louis Jacques Mandé Daguerre)

조세프 니세포르 니에프스 이후 프랑스의 화가 루이 쟈크 망데 다게르(Louis Jacques Mandé Daguerre, 1787~1851)는 프랑스 파리에서 극장 무대의 배경을 그리는 화가였다. 그는 카메라 옵스큐라에 비쳤던 풍경들을 그대로 보존할 수 있다면 얼마나 좋을까? 생각하였다.

니에프스와는 다른 방식의 사진술을 완성해 자신의 이름을 따서 다게레오타입(dagurreotype)이라고 명명했다. 다게레오타입은 사진의 가장 오래된 형태 중 하나로 이것은 지나치게 긴 노출시간을 필요로 하지 않는 최초의 공정으로 초상 사진을 촬영하는 데 이상적이었다.

〈다게레오타입으로 찍은 사진들(좌: 1837 / 우: 1838)〉

다게레오타입(1839)이 알려지면서 선풍적인 인기 속에 이와 관련된 많은 연구들이 줄을 이었다. 영국의 탈보트(William Henry Fox Talbot)는 다게레오타입과는 정반대의 방법인 음화 상태로 감광판에 영상을 포착해 여기에서 양화를 만들어 내기도 하였다. 하나의 음화에서 수많은 양화를 만들어 낼 수 있는 오늘의 사진 개념은 탈보트로부터 시작되었다고 볼 수 있다.

다게레오타입은 여러 가지 결점을 보완해 1840년경에는 노광 시간을 1분 이내로 단축하는 데 성공했다. 이후 다게레오타입은 아프리카와 중동, 유럽과 미국 등 미지의 세계를 향한 풍경 사진 촬영에 도전을 이어갔고 파리와 런던을 포함한 미국의 중요 도시에서도 초상 사진을 전문으로 촬영하는 다게레오타입 스튜디오가 개설되었다. 다게레오타입이 발명 특허를 받은 후 사진을 만드는 방법이 바뀌게 되었고, 오늘날 디지털 사진시대로까지 발전할 수 있는 바탕이 되었다.


## 2. 사진치료

### 1) 사진치료의 정의

사진치료는 예술치료의 한 분야로 사진 기술이 발달하고 대중화되던 1970년대부터 본격적으로 사진을 심리치료에 적용하기 시작하였다.

사진치료란, "전문적인 심리치료사들이 내담자를 치료하는 데 사진 촬영, 현상, 인화 등의 사진 창작활동 등을 시행함으로써 심리적인 장애를 경감시키고 심리적 성장과 치료상의 변화를 가능케 하는 것"이라고 더글라스 스튜어트(Douglas Stewart, 1980)는 정의하였다(박소현, 2004, 재인용).

사진치료의 개척자 중 또 다른 대표적 인물인 데이비드 크라우스(David Krauss, 1983)는 "사진의 이미지와 사진의 창작 과정을 조직적으로 응용하여 내담자의 생각과 행동에 긍정적인 변화를 추구하는 것"이라고 하였다.

사진치료 센터의 설립자인 주디 와이저(Judy Weiser)는 그녀의 저서 「사진치료의 기법들: 개인적인 스냅사진과 가족 앨범의 비밀탐구(PhotoTherapy: Exploring the secrets of Personal Snapshots and Family albums)」에서 "사진치료는 개인 스냅 사진과 가족사진(감정, 기억, 생각, 정보)을 개인적인 의사소통을 위한 촉매제이며 사람의 말만으로는 접근할 수 없는 영역에 도달할 때 하는 것이다."라고 치료적 도구로서의 사진을 정의하고 있다.

"사진은 우리 마음의 발자국이고, 우리 삶의 거울이며, 우리 영혼의 반영이고, 적막한 한순간 우리 손안에 쥘 수 있는 응고된 기억이다. 사진은 우리가 어디에 있었는지를 기록할 뿐 아니라, 알던 모르던 간에 우리가 어디로 가려는지 그 방향에 대해 가르쳐 준다. 우리는 종종 사진과 말을 나누고, 사진 속에 담긴 인생의 비밀에 귀를 기울여야 한다."

사진치료는 자신의 이미지가 사진 안에 들어가 있거나 자신이 모은 사진이나 가족 앨범 등을 통해 자기개방을 하고 자연스럽게 방어의 벽을 낮춤으로써 적극적으로 표현하고, 자기 직면을 하도록 돕는 치료방식이다. 내담자가 의식적으로 말을 통제하거나 억압하는 것을 무의식적인 은유와 비언어적인 언어가 떠오를 수 있도록 돕는다. 또한, 감정을 담은 종이라고 표현할 수도 있는 사진을 가지고 상담자와 내담자가 상호교류의 과정을 가지면서 의식적인 탐색을 할 수 있고, 그 과정 안에서 인식의 재통합을 가질 수 있다. 카메라 셔터를 누르는 순간 이미 치유는 시작된다고 볼 수 있다. 카메라 렌즈를 통해 자기 자신을 만나고, 타인과 소통을 하며 더 나아가서는 세상과 조우하는 순간 순간이 사진치료의 시작이 될 수 있다.

## 2) 사진치료의 발달

사진이 심리학과 정신의학에 쓰인 공식적인 기록은 영국의 의사인 '휴 웰치 다이아몬드(Hugh Welch Diamond,h., 1852)'가 자신의 논문 「정신질환의 치료에 있어서 사진술의 유용함」을 발표하면서부터이다. 그는 여성 내담자들이 입원치료를 받는 정신병원에서 정신적으로 혼란스러운 내담자들의 치료에 그들을 찍은 사진들을 보여줌으로써 내담자들이 외형적인 변화와 자아인식이 바뀌는 치료적 가치를 발견하였다. 이들 여성 내담자들의 사진들은 1856년 「광기의 얼굴(The Face of Madness)」이란 제목으로 출간되었고, 이는 사진을 진단으로 이용한 최초의 시도이자 사진술의 유용함을 증명한 책이다.

〈1856년 「광기의 얼굴(The Face of Madness)」〉

다이아몬드의 연구 발표 이래 정신의학분야에서 사진의 치료효과가 다시 거론되는 시점은 1920년대에 들어서면서부터다. 여전히 병리학적으로 사진을 이용하는 연구가 주를 이루고 있지만, 사진술이 치료법의 문맥 안에서 다른 방법으로 사용되는 연구들이 시작된다. 1927년 아니타 메리 뮬(Antina Mary Muhl)은 실제 사례를 통해 단순한 스냅 사진이 내담자의 징후와 무의식의 표출에 대해 중요한 단서를 제공하고, 스냅사진이 내담자를 최대한 표현하는 매개체가 된다고 증명하였다.

이후, 사진치료는 1970년대 후반부터 구체적인 방법들이 제시되면서 사진기술의 보급과 대중화와 함께 1977년 「Psychology Today」에 사진치료의 방법이 소개되면서 본격적으로 대두되었다. 같은 해에 새로운 사진치료기법을 소개하는 「Photo Therapy Quarterly Newsletter」가 최초로 발간되었다. 또한 1981년 '국제사진치료협회'가 설립되었고, 「Photo Therapy」라는 공식잡지가 창간되었다. 이후 「정신건강을 위한 사진치료(Krauss & Fryear, 1983)」, 「사진미술치료(Fryear & Corbit, 1992)」, 「사진치료기법(Judy Weiser, 1999)」, 「디지털시대의 사진치료와 치유적 사진(Loewenthal, 2013)」 등 관련 서적도 출간되었다. 사진치료와 관련하여 핀란드의 트루크(Turku)에 있는 '핀란드 사진치료 협회', 이태리의 'GRIFO(Gruppo di Ricerca in Fototerapia)', 예루살렘에 있는 무스라라(Musrara) 사진학교의 '사진치료 기관', 멕시코의 'Instituto Latino Americano de Psicologia y Fotografia' 등이 새롭게 생긴 협회들이다.

1984년 캐나다 토론토에서 열린 제4회 국제학술대회는 사진작가이자 정신분석가인 조엘 워커(Joel Walker)와 주디 와이저(Judy Weiser)에 의해 구성되어 여러 나라의 참가자들이 함께 하였다. 그 이후 20여년 중단되었다가 2008년에 핀란드에서 제5회 세계 사진치료학회가 개최되었다.

최근 북아메리카와 캐나다의 여러 대학원들은 임상심리학과와 예술치료학과의 선택과목으로 사진치료를 채택하고 있으며, 2004년 2월 4일 핀란드에 심리학자들과 사진작가들을 주축으로 하는 사진치료학회가 재결성되었다. 2008년 제5차 세계 사진치료학회가 개최되면서 격년으로 학술대회가 열리고 있다. 국내에는 한국사진치료학회가 활발히 활동하며 국내 사진치료 분야 발전에 기여하고 있다.

### 3) 사진치료에서의 사진

사진은 예술인가? 몇몇 이론가들은 사진을 단지 기계적인 기록의 산물로만 본다. 사진은 의사소통의 도구라고 볼 수 있지만, "순수한 예술이 아니다."라고 말하는 사람도 있다. 사진이 예술인지 의사소통 도구인지를 결정하려는 것은 이 두 분야에서 사진을 활용하는 일을 미루게 할 뿐이다. 이러한 이분법적 논쟁은 치료적 목적과는 아무런 관련이 없으며, 둘 다 동시에 공존할 수 있다. 예술 자체가 의사소통이고 모든 의사소통이 예술적 표현의 한 방식이기 때문에 사진이 예술인지 의사소통인지에 대해 논쟁하는 것은 적절치 않은 듯하다.

모든 예술치료는 감각에 기초한 경험을 시각적－상징적으로 표현하는 쪽이 언어로 전달하는 것보다 소통을 훨씬 덜 방해하고 덜 왜곡한다는 생각을 바탕으로 한다. 그리고 내담자가 타인에 의해 만들어진 상징적 이미지에 단순히 반응하거나 대응할 때, 은유적 의사소통을 통해 내면 깊이 잠겨 있는 무의식적 의미가 투사될 뿐 아니라 예술치료가 무의식적 영역을 건드릴 수 있다는 것을 전제로 한다. 크라우스(Krauss)는 비언어적인 개인적 상징이 아주 강력하다는 점을 특히 강조했다. 왜냐하면 그것은 그 존재감을 알리려는 무의식, 즉 우리 의식의 원천인 무의식으로부터 나오기 때문이다. 우리는 자신이 만든 예술작품이나 사진을 보거나 그에 대한 우리의 반응을 살펴보고 떠오르는 주제와 유형을 탐색할 때(합리화, 방어, 핑계 그리고 다른 보호가 가능하도록 하는) 교묘한 말에 휘말리지 않음으로써, 우리 자신의 무의식에 대해 배울 수 있게 될 것이다.

사진치료 과정에서 내담자가 선택한 사진은 자발적으로 이미지를 생성한다. 이러한 상징적 의사소통은 무의식으로부터 직접 나온 것이다. 때때로 이런 이미지에 드러난 다양한 수준의 은유적 의미는 쉽게 이해될 수 있다. 하지만 이것은 하나의 출발점에 불과하다. 사진은 우연하게 발견되는 예술적 감흥과 상관없이 어떤 면에서는 자신에게서 나와 자기 자신으로 가는 사적 의사소통이라고 볼 수 있다.

사진치료사들은 내담자가 선택한 사진에서 상징적 이미지의 중요성이 다른 어떤 것보다 값진 것이라고 강조한다. 이는 이러한 두 가지 접근 방식 간의 핵심적인 차이를 보여 준다. 첫 번째는 사진에서 이미지를 만드는 것은 사진치료의 하나의 측면일 뿐, 핵심일 필요는 없다. 두 번째는 대다수의 사람들이 사진이라는 매체에 대해 지니는 친근성과 편안함이다. 예술작품을 만들거나 논평하는데 드러나지 않는 평범함이 스냅사진을 찍고 이야기하는 데 존재한다.

사진을 볼 때 우리는 사진을 누군가가 카메라로 기록한 실제의 이미지로 본다. 그러므로 사진치료는 다른 예술 매체에서는 불가능한 방식으로 사진을 탐색하면서 만든 사람의 목적, 욕구 또는 욕망에 대한 추측이 가능하다. 사실 누가 사진을 찍었는지에 대한 관심이 적기 때문에 사진치료는 내담자가 직접 찍지 않은 사진을 치료에 이용할 수도 있다. 이러한 방법은 다른 예술치료에서 흔히 있는 일이 아니다.

예술치료는 이미지의 이론적 부분이나 이미지의 변천에는 관심을 덜 두면서 완성된 결과물에 초점을 더 두는 듯 보인다. 사진치료에서는 이런 과정에 좀 더 균형을 이룬다. 사진 출력은 종종 가장 덜 중요한 부분인 반면, (언제, 어디서, 누구를, 왜) 사진 찍을 계획을 세우고 사진 찍을 때 무엇을 할 것인지 결정하는 기준들은 치료에 더 중요하고 탐색하기도 좋은 장점이 있다.

Krauss는 개인적 스냅사진이 제공하는 사실적 기록(factual documentation)의 부가적 가치를 지적했다. "개인 사진과 가족 사진의 활용은 다른 방식으로는 얻을 수 없는, 투사적이면서도 물리적인 데이터를 제공하는 풍부한 원천이 된다. 내담자가 치료 밖의 세계와 어떻게 관계 맺고 있는지(말이 아닌 카메라에 의해 포착된 가족 구성원의 관계)에 대한 배경 정보를 제공한다."

사진을 사용하면 우리가 거울 앞에서 자신을 보는 방식, 즉 좌우가 뒤바뀐 방식보다는 '자기 자신을 다른 사람에게 보여 주는 방식과 비슷한 접근'을 사용한다는 것을 알 수 있다. 또한 우리는 우리의 옆모습 또는 뒷모습, 더 큰 집단인 가족이나 친구들의 일원으로서 우리 자신을 볼 수 있다. 사진치료에서 사진은 지극히 개인적이고 주관적인 표상이다.

사진치료가 예술치료 안으로 들어올 수 있었던 이유는 현실에 대한 관찰을 통해 모방이나 감각이 중요한 것이 아니라 내담자의 지각을 찾아내고, 지각 이면의 의미화와 과정을 알아보는 것, 그리고 그 인지 과정이 어떻게 내담자의 사고방식과 현재 삶의 패턴에 영향을 미치는지를 깨닫게 하기 때문이다.

우리가 알아야하는 것은 사물이나 사람도 중요하지만 우리 마음에 차이를 만들어 내는 차이점에 대해 사람들이 관심을 기울이는 것이다. 즉, 사진치료는 내담자와 상담자 사이의 의사소통의 수단이며 치료 그 자체가 예술이 되어야 한다.

## 3. 사진치료의 특성

### 1) 사진 매체가 주는 신뢰감이다

사진이라는 매체가 주는 '사실성'의 속성은 사진을 보는 사람들에게 쉽게 신뢰감을 형성하도록 한다. 사진에 나타난 대상은 실제로 존재해야 하고, 사진을 찍는 사람이 그 순간 그곳에 있었기 때문에 가능한 일이다. 즉, 사진은 현실을 바탕으로 현실에 존재하는 대상을 직접 카메라에 담아낸다. 따라서 사람들은 사진을 통해 현실을 증명할 뿐만 아니라 보이는 그 자체를 현실로 받아들이려는 경향이 있기 때문에 사진의 사실성이 보는 사람에게 신뢰감을 준다.

이러한 사진매체가 주는 신뢰감은 치료사와 내담자 사이에 긍정적인 라포를 형성하는데 도움을 줄 수 있고, 또한 내담자로 하여금 자신의 현실을 직시할 수 있도록 한다. 일반적으로 심리치료를 요하는 내담자의 경우, 대부분의 문제는 자신의 현실을 제대로 지각하지 못하는 데서 기인한다고 볼 수 있다. 따라서 사실성을 바탕으로 하는 사진은 자신의 현실적인 문제를 정확하게 직시할 수 있도록 하여 내담자의 문제해결에 도움을 줄 수 있다.

#### ① 이미지가 주는 기억의 재생

인간은 언어로 기억하기보다 시각적 이미지로 기억한다. 그러므로 사진은 인간의 시각적 사고에 도움을 주어, 기억을 쉽게 재생해 내도록 한다. 인간의 경험이 이미지로 저장되고, 비슷한 형태의 이미지를 볼 때 경험이 다시 재생된다. 학대와 같은 외상적 사건을 경험했을 때 우리의 마음은 카메라가 사진을 찍듯이 그 사건을 기억 속에 저장한다. 언어에 나타나는 시각적 사고, 특히 사진적 비유가 인간의 기억이 이미지를 통해 효과적으로 재생된다는 기억이론을 바탕으로 본다면 사진매체를 이용해 내담자의 기억을 되살리는 것은 치료적으로 상당히 효과적인 접근법이 될 수 있다.

사진은 기억을 통해 시간의 역사성을 재현해 낼 수 있고, 어떤 특정한 공간의 한순간을 담은 사진을 통해서 과거에서 현재로 그리고 미래까지 연결할 수 있는 시간의 흐름을 재생할 수 있게 해준다. 실제로 사진에서는 분명히 카메라로 포착된 한순간만이 담겨 있지만 보는 사람은 그 순간의 앞뒤 상황을 자연스럽게 연상할 수 있으므로 기억을 쉽게 할 수 있다. 특히 그러한 기억에는 사진을 찍을 당시의 자신이 느꼈던 감정까지도 불러일으키는 구상적인 기억으로 재생된다.

② 자기세계 인지방식의 표출

사진을 창작하는 과정이나 사진을 보는 활동은 사진의 자극을 받아들이고 저장하고 인출하는 일련의 정신적 과정이므로 사람들의 고유한 인지방식을 표출한다. 말하자면, 사진을 창작하는 주체가 자기의 세계를 인지하는 방식이 사진을 통해 드러나는 것이다.

2) 내담자의 무의식을 의식적인 형태로 바꾸는 객관적인 매체이다

이미지의 중요성을 강조하는 칼 융(C. G. Jung, 1964)은 언어보다 이미지가 머릿속에 먼저 떠오르기 때문에, 말보다는 이미지를 통해 무의식의 재료를 의식으로 가져오기가 훨씬 수월하다고 말한다. 또한 예술적인 차원에서 나타나는 심상은 집단 무의식의 영역에 존재하는 자아를 발견할 수 있게 하고, 예술가의 작품에 나타난 상징성을 통해 집단 무의식에 존재하는 자아 즉 원형을 발견할 수 있다. 융의 의도는 프로이트의 경우처럼 창작활동을 통한 정화나 승화보다는 내담자의 무의식이 시각예술과 상징적 관계를 맺고 있다는 것에 더 의미를 둔다. 따라서 내담자가 찍은 사진은 무의식에서 나온다고 볼 수 있고, 이렇게 찍힌 사진에는 자신의 의식과 무의식이 공존한다. 왜냐하면 우리는 사진을 의도적으로 찍지만, 대상에 대한 선택은 무의식적으로 일어나기 때문이다. 따라서 사진치료에서 창작 과정을 치료라고 보는 것은 이런 융의 이론을 근거로 한다. 또한 사진은 내담자의 무의식의 어떤 측면이 구체화된 이미지이기 때문에 내담자의 무의식을 의식적인 형태로 바꾸는 객관적인 매체가 될 수 있다.

### 3) 치료적 도구로서의 가치

사진의 치료적 도구로서의 가치는 사진 그 자체는 어떤 사실이나 진실을 말하지 않지만, 함께 토의할 수 있는 가능성의 세계로 안내하는 역할을 한다. 따라서 치료사와 내담자는 이를 통해 함께 작업할 수 있는 면들이 많이 있다.

#### ① 의식화, 언어화의 촉매제

사진에 나타나는 스투디움(studium)과 푼크툼(punctum)은 내담자의 무의식 속에 저장되어 있는 억압된 기억과 느낌을 의식화시킬 수 있다. 즉, 내담자는 비언어적 수준에서 사진을 자각하고, 이를 통해 쉽게 자신의 걱정이나 고통을 기억하고 언어화할 수 있다.

#### ② 현실의 지도를 반영한 상징과 투사

내담자가 찍어온 사진은 자신의 정신적 상태와 '현실의 지도'를 반영한 구체적이고 상징적인 것이다. 말하자면, 사진은 '자기 진술'을 상징적으로 보여주는 것일 뿐만 아니라 실제의 대상을 있는 그대로 보여준다. 그러므로 내담자의 정신에 영향을 주는 많은 자극들을 이해하는 방식이 부분적으로나마 최소한 모든 사진에 표현되어 있거나 함축되어 있다.

#### ③ 심리적 위안감과 개인적 성장을 촉진

사진과 예술을 접목한 창조적 과정은 내담자에게 최소한의 방어감과 함께 심리적인 위안감, 감정 표출을 통해 정화 및 자기 인식으로 나아갈 수 있고 나아가 개인적 성장을 촉진시키는 수단이 된다.

## 4. 사진치료의 장점

### 1) 사진을 찍거나 감상하면서 내담자 스스로 탐색이 가능하다

사진은 무의식과 의식이 만나는 통합적인 순간의 메시지를 중요시한다. 사진을 찍거나 감상을 할 때 사람들은 무엇인가 연상을 하게 되고 그 안에서 감정을 느끼게 된다. 이때 느꼈던 감정이나 경험들은 상담자의 언어가 아니어도 자기 탐색 및 이해가 가능하다. 개개인이 찍은 사진이나 선택한 사진은 수많은 의미를 동시에 담고 있고, 투사와 상상을 통해 내담자는 자신이 주의를 기울인 이미지를 외재화 할 수 있게 된다.

### 2) 상담자와 내담자의 라포 형성이 가능하고 카메라의 접근이 용이하다

미술치료, 음악치료, 영화치료의 경우 필요한 준비물 등이 있다. 다양한 미술 재료, 스크린, 프로젝터, 스피커, 도구 등 각종 장비를 구비하거나 준비할 종류가 많다. 다른 매체와 달리 사진치료에서의 카메라는 누구나 쉽게 지니고 있다고 할 수 있다. 휴대폰에 장착되어있기에 카메라 한 대씩을 늘 구비하고 있는 것과 같다고 할 수 있다. 특히, 사진치료는 감상할 때도 카메라의 창을 통해 사진을 보기만 하면 될 정도로 단시간 내에 감상이 가능하고, 찍는 것 역시 초보자도 부담감을 갖지 않고 접근할 수 있을 만큼 자동적으로 이루어진다. 이는 상담자의 심리적 부담을 줄여주고, 내담자와 상담자의 라포 형성에 많은 도움을 준다.

### 3) 객관적 거리두기를 통해 스스로 성찰이 가능하다

사진은 사진을 찍고 인화하는 과정에서부터 시작하여 사진을 감상할 때까지 카메라라는 또 다른 시각을 가진 타자를 통해 '외부인'의 관점에서 자신을 바라보게 만든다. 사진을 찍는 순간 우리의 시각과 생각은 우리의 내면에 갇혀 있는 것이 아니라 외부에서 살펴보고 관찰할 수 있는 것이 된다. 사실 매일의 일상적 삶 가운데 우리가 흡수하는 대부분은 우리 뇌에 입력될 때 언어적으로 부호화되지 않는다. 그리고 언어적으로 부호화되지 않은 것은 언어적으로 표현되기도 힘들다. 그러나 마음은 보이지 않고 들리지 않는다. 일단 자신을 객관적으로 바라보기 시작하면 자신의 심리적 맹점에서 벗어나 자신의 문제가 무엇인지 깨닫고 이에 관한 적절한 문제 해결책과 통찰을 얻기 쉬워진다. 내담자는 자기 직면과 성찰, 반영을 통해 자신에 대한 타당성을 확보하게 되고 이는 굉장한 상담의 효과를 얻는 것이다.

TIP | 외부화의 중요한 장치 - 암실

사진치료에서 암실 실습은 매우 중요한 기능을 하고 있다. 일체의 빛이나 어떤 방해요소가 없는 방에서 서서히 떠오르는 이미지들은 일종의 '영감 덩어리'라 할만하다. 이러한 과정을 통해 내담자는 자신에 관한 숨겨진 진실과 한 번도 볼 수 없었던 방식으로 자신을 보는 매혹적인 경험을 하게 된다.

### 4) 다른 예술매체와 자연스럽게 통합된다

사진은 내담자를 돕는 모든 예술치료 방법과 쉽게 통합된다. 빈 의자기법처럼 의자 위에 사진 한 장을 올려놓고 하고 싶은 말을 해보게 하거나, 역할극을 하는 장면은 사진으로 찍어 다시 볼 수도 있고, 갖고 온 가족사진에 등장하는 인물들을 참여자들 중에서 선출해서 직접 사진 속의 장면을 포즈를 취해보게 할 수도 있다. 또한, 몇 장의 사진을 직접 찍어 시적 이미지를 만들어 마음을 시화(詩化)할 수도 있다. 내담자의 특별한 욕구에 맞추어 사진은 치료의 보조 도구로도 쓰일 수 있으며, 그 자체가 예술적/미학적 목적으로 기능하면서도 치유의 힘을 발휘할 수 있다.

제2장

# 사진치료의 방법론

## 1. 주디 와이저(Judy Weiser)의 사진치료 기법

Judy Weiser는 사진 치료의 초기 개척자 중 한 사람이다. 캐나다 밴쿠버에 있는 Photo Therapy Center의 창립자이며 심리학자, 예술 치료사, 컨설턴트로도 활동하고 있다. 그녀는 치료적 사진, 치료적 영화 만들기 기술을 활용하는 방법을 오랫동안 일반인에게 교육해 오면서 개인적 성장과 성찰을 돕고 삶의 질을 높이고, 사회적 소외감을 경감시키며 사회적 변화를 촉진하는 등 양질의 연구 활동을 하고 있다.

### 1) 투사적 과정(The projective process)

투사적 과정은 이미지에 투사된 내담자의 지각과 인지체계를 탐색할 수 있다. 이 과정에서 상담자뿐만 아니라 내담자 스스로도 자신의 탐색 및 통찰을 얻기도 한다.

### 2) 자화상 작업(working with self-portraits)

내담자 스스로가 사진을 찍어봄으로써 개인의 정체성을 드러내도록 돕는데 효과적이다. 직접 직면해보면서 자기 자신과 온전히 만날 수 있고, 사진 속 자신과 미러링 작업을 통해 내면의 소리를 들을 수 있으며 욕구, 감정 등을 알아차릴 수 있다.

### 3) 타인이 내담자를 찍은 사진(working with photos of clients taken by other people)

타인이 지각하는 수많은 사진들을 통해서 내담자를 볼 수 있는 기회를 제공해준다. 이 과정은 사진을 찍은 사람과 내담자 사이에서 발생하는 역동을 탐색하기에 사진은 좋은 수단이 된다. 사진을 통해서 어떤 부분이 타인에게는 중요하고, 어떤 부분이 내담자 자신에게 중요한지 의미를 부여할 수 있다.

### 4) 내담자가 찍고 수집한 사진(working with photos taken or collected by clients)

개인의 자기 표현방식의 한 형태로 볼 수 있다. 내담자가 직접 찍고 수집한 사진은 그 자체가 중요한 부분을 반영한 것이라고 볼 수 있다. 사진을 찍었을 때의 기분, 상황이나 사진을 찍었을 때는 인식하지 못했던 정서적인 정보, 개인을 드러내는 은유나 상징적인 부분을 들여다볼 수 있다.

### 5) 가족 앨범과 그 밖의 자서전적 사진(working with family album and other autobiographical photos)

앨범에 있는 가족사진이나 집안에 놓여있는 사진은 다른 사진들과 구분이 된다. 내담자를 둘러싸고 있는 다양하고 복잡한 체계 속에서 내담자의 역할, 패턴 등을 통해 언어로는 표현될 수 없는 가족 내 관계 역동, 성장 배경 등을 한 장의 가족사진으로도 파악하는데 도움이 된다.

### 6) 사진과 다른 매체의 혼합 기법(combined techniques and combination of photographic and other artistic media)

원본 사진을 복사해서 다른 그림과 합성하거나 사진이 아닌 다른 매체와 혼합해서 사용하는 방법이다.

## 2. 조엘 워커(Dr. Joel Walker)의 워커 비주얼(The Walker Visuals)

Joel Walker는 캐나다의 토론토에 있는 정신과 의사이자 사진가이다. 그는 초기에 환자들을 치료하며 사진의 힘을 발견하고 사진 이미지를 기반으로 치료 방법을 개척해왔다. 이 모호한 이미지들은 'The Walker Visuals'이라고 한다. 그는 35년 넘게 자신의 실습과 워크샵 현장에서 워커 비주얼 이미지를 사용해왔으며 현재도 사용하고 있다.

이 모호한 이미지들은 모호함에서 오는 근원적인 주제들에 따라 무의식적인 욕망, 심리적 방어기제, 성, 공격성, 삶과 죽음, 희망, 애착 등을 연상하게 하고, 여러 가지 상상력을 자극하게 한다. 이는 그 과정에서 덜 위협적이면서도 자기 이해와 스스로 탐색할 수 있는 이미지이다.

〈조엘 워커, The Walker Visual Image〉

Walker 박사가 개최한 첫 번째 전시회 'See & Tell'은 뉴욕의 록펠러 센터에서 개최되었으며, 1981년 타임지와 1982년 라이프 매거진에 소개되었다. 1995년 라이프 매거진은 그의 작품의 다른 측면에 집중되었다.

워커 박사는 그의 사진술인 양방향 카메라 작업과 정신의학의 접목을 통해, 하버드 의대에서 가르치는 사진 이미지를 전 세계 인터랙티브 전시실에 전시했다. 2000년에 이 이미지는 Charles University의 의학 학부, 프라하, 멕시코시티의 International Cancer Institute에서 사용되기도 했다.

## 1) 4장의 워커 비주얼(Walker Visuals) 이미지

워커 비주얼 이미지는 젊은 사람, 노인, 개인 및 커플, 가족 및 그룹 등 광범위한 사람들에게 유용하게 활용되고 있으며, 그 결과는 성공적이다. 또한 모든 종류의 장애 또는 문제가 있는 내담자에게 효과적으로 사용할 수 있다.

예를 들어 정서 장애, 불안 장애, 결혼 문제, 성적 문제, 성적 학대, 정체성 문제 등에서 효과적인 사용이 입증되었으며 워커 비주얼은 어느 한 영역에 구속력이 없기 때문에 교차 문화적으로 성공적으로 사용되었다.

Walker Visual은 완전한 목록을 의미하지는 않는다. 치료사는 종종 개인 스타일의 치료법과 일치하는 이미지의 새로운 용도로 사용하고 있다. 왜냐하면, 워커 비주얼(Walker Visuals)은 심리 도구이며 치료 기술 자체는 아니기 때문이다. 도구로서 응용 프로그램에서 명확한 목적을 요구하여 진단을 내려주는 심리 검사가 아니기에 여러 응용 프로그램 중에서 경험되어지고 있다. 그 일부는 다음과 같다.

- 내담자가 언어로 나타내도록 돕는다.
- 정서적 및 인지적 표현을 하도록 자극한다.
- 민감한 영역 탐색이 가능하다.
- 갈등을 통한 작업을 할 수 있다.
- 저항 극복을 시도할 수 있다.
- 억압된 경험의 노출을 촉진시킨다.
- 개인의 사고, 감정, 또는 관계에 영향을 미치는 중요한 주제의 식별이 가능하다.
- 자기 인식의 향상을 가져온다.
- 치료사가 내담자를 보다 빠르고 효율적으로 도울 수 있도록 지원한다.

• 개인 간의 교류를 촉진시킬 수 있다.


## 3. 울라 할콜라(Ulla Halkolra)의 스펙트로 카드(SPECTRO cards)

Ulla Halkolra는 사진치료 전문가로서 상징적 사진치료(symbolic PT)를 개발하였다. 그녀는 외상치료(Trauma Therapy)로서도 두각을 드러내고 있는 전문가이다.

스펙트로 카드(Spectro Cards)는 2부류로 나눌 수 있다. 인물이 전혀 들어있지 않은 울라 할콜라가 찍은 125장의 사진은, 주황색 커버에 담긴 Spectro Crises cards 50장과 파란색 커버에 담긴 Spectro cards 75장으로 구성되어 있다. Spectro Crises cards의 경우 대부분 심리적 외상을 연상시켜주는 상징사진으로 메마른 꽃, 깨진 유리 파편 등의 이미지로 구성이 되어있지만 대부분은 긍정적인 임파워먼트 사진(Empowering photo: 내담자에게 힘을 주는 사진이나 아름다운 풍경, 동물 등)으로 구성되어있다.

〈울라 할콜라의 스펙트로 카드〉

제3장

사진치료의 기법

# 1. 투사적 사진치료

### 1) 투사적 사진치료

우리가 본다고 생각하는 것의 대부분은 실제로는 우리 자신에게서 나온다. 이것은 우리가 알고 있거나 익숙한 또는 전혀 본 적이 없는 사진, 사물, 사람에 대한 반응에서 일어나는 투사적 과정을 말한다.

투사적 기법은 정서적 반응을 불러일으키도록 사진 이미지를 사용하는 모든 방법을 일컫는다. 내담자가 찍은 사진 또는 타인이 찍었던 사진, 잡지, 엽서, 달력, 음반 커버, 카드 등 그 어떤 종류의 사진이나 이미지도 사용될 수 있다. 사진을 볼 때, 우리가 보는 것은 그 사람에게 중요한 무엇을 재현(representation)해 놓은 것이기 때문이다. 사진을 찍은 사람이 의도하든 그렇지 않든 간에, 우리는 항상 사진으로부터 자신의 의미를 끌어낸다. 사진을 이해하려고 할 때, 우리는 사진을 마음속으로 훑어보고 본능적으로 사진을 해체한다. 사진에서 우리가 의미를 구축할 때 그 사진에 대한 우리의 내적 심상과 개인적 구성들은 우리가 알 수 있는 유일한 실재(reality)가 될 것이다.

그것은 그 무엇 또는 그 누군가가 우리에게 상기시킬 수 있다. 그것은 연관된 감정이 일어나게 하고, 우리로 하여금 생각하게 만든다. 우리는 그것을 완성품이 아닌 의미 투사의 시작, 자극 또는 매개물로 사용한다. 그것에 우리 자신을, 우리의 독특한 개인적 해석을 투사한다. 이런 점에서 투사적 사진치료 과정은 심리치료와 예술치료에서 사용되는 다른 전통적인 수많은 투사 도구들 — 로르샤흐 검사, 주제통각검사(TAT), 인물화 검사(DAP), 집－나무－사람 그림검사(HTP)등 — 과 유사하다. 그러나 사진 자극에 대한 투사적 반응을 평가하기 위한 해석 매뉴얼은 따로 없다.

### 2) 투사적 사진치료 과정에서의 상담

내담자를 찍거나 내담자가 찍은 사진, 내담자의 앨범, 다른 사람이 찍어 준 사진을 볼 때 상담자나 치료사는 이런 사진에 대해 '무엇'보다는 '왜'와 '어떻게'에 더 많은 관심을 지녀야 하고 '폐쇄된 질문'보다는 '열린 질문'으로 물어봐야 한다. 또한 사진을 해석하는 데에서 '맞다', '틀리다'의 기준으로 해석하는 건 존재하지 않으며 내담자들이 말하는 것은 '그렇게 생각할 수 있다', '그렇게 이해할 수 있다'라고 받아들이면 된다.

### 3) 투사적 사진치료의 장점

투사적 사진치료기법은 자신의 삶을 안내하는 무의식 과정을 탐구하고 싶어 하는 사람들뿐 아니라, 상담 초기에도 유용하며 언어에 반응하지 않는 경우나 마음의 문이 닫혀있는 경우에도 가벼운 마음으로 출발할 수 있는 기법이다.

투사적 사진치료기법을 사용하면 사람으로 하여금 같은 사진을 보면서도 아주 다른 의미와 감정을 이끌어 내도록 할 수 있다. 대인관계에서 단 하나의 옳은 방식이 있는 것이 아니라 다른 방식이 존재할 수 있다는 것을 비교적 쉽게 인식하게 만든다. 이는 사람들이 저마다 지각하는 데에 차이가 존재하듯 투사적 인식에 토대를 두고 대화를 한다면 내담자로 하여금 이러한 차이를 인식하도록 도움을 줄 것이다. 사진치료는 타인이 자신을 바라보는 것과 자신이 자신에 대해 느끼는 것이 다르다는 것, 그리고 내담자들이 자신이라고 믿는 것을 타인에게 투사하고 있다는 것을 이해하도록 하는데 적합한 도구이다. 그렇기 때문에, 투사적 과정은 자기 인식(self-awareness)이고 셀프 임파워링(self-empowering)을 위한 도구가 될 수 있다.

### 4) 투사적 사진기법의 질문 방법

대부분의 투사적 사진치료기법은 몇 장의 사진 혹은 한 장의 사진을 선택하도록 하는 것부터 시작한다.

• 투사적 사진치료 과정에서 가능한 질문

여러 장의 사진들 중에서 '어~~ 이건 무슨 사진이지?' 끌림이 오거나 마음에 드는 사진, 내 이름을 부르는 것 같은 사진, 나를 대변해줄 것 같은 사진, 내 자화상 사진, 어떤 사진이 가장 마음에 들지 않는지, 상처, 아픔이 느껴지는 사진 등 상담자는 내담자에게 다양하게 질문을 주고 사진을 선택하게 할 수 있다.

이때, 내담자가 사진을 선택할 때 어떤 기분이 들었는지, 이 사진에 대해 말해줄 수 있는지, 사진 속 장소는 어디인지, 사진 안에 있는 사람에게 말을 한다면 어떤 말을 해주고 싶은지, 사진 안에 있는 사람이 나에게 말을 한다면 뭐라고 말을 해 주는지, 지금 시대는 어느 시대인지, 어느 나라인지 등 사진을 활용해서 다양한 질문을 한다.

내담자가 사진을 선택하면 전체적인 사진에 대해 물어볼 수도 있고, 구도 또는 보이지 않는 부분(물리적 영역을 넘어선), 관계있는 이미지라고 생각되는 것, 이전 회기에서 다루었던 사진들과 주제 면에서나 정서면에서 함께 둘 수 있는 것 등을 질문한다.

질문은 폐쇄형이 아닌 개방형의 질문으로 창의적이거나 상상을 불어넣어 주는 질문이 좋으며 내담자에게 사진을 찍은 사람의 예상 의도나 감정을 말해 보도록 하는 것도 좋다. 이 경우 누가, 언제, 어디서, 왜, 무엇을, 어떻게 이 사진을 찍었을 것 같고, 사진을 찍은 이는 무엇을 찍고 싶어 했는지, 누구를 위해 사진을 찍었는지, 누가 사진 속에서 포즈를 취하고 있는지 등 사진을 찍었다는 가정하에 사진을 보며 말을 해보게 한다.


## 2. 투사적 사진기법 적용 시 주의사항

내담자가 사진을 선택했다면 그 사진을 보고서 문제를 해결해주거나 분석을 하려는 것은 최소화해야 한다. 이를테면 "두, 세장의 사진을 선택한 패턴을 보니 ~하네요."라거나, "이런 것이 문제입니다." 등과 같은 지나치게 일반화하거나 과도한 해석을 하는 것은 지양하여야 한다. 특히, 내담자가 자신의 대해 이야기를 하기보다는 선택한 사진을 보고 사진에 대해 이야기할 때 훨씬 더 내면의 감정이나 생각 등을 쉽게 건넬 수 있기 때문에 처음 상담을 시도할 때는 초점을 내담자에게 두기보다는 선택한 사진에 두어야 한다. 이때 상담자는 사진을 통해 내담자에게 통찰을 얻게 하거나 감정의 울림을 자각하게 하는 등 상담자가 해석하거나 지시하기보다는 스스로 발견할 수 있도록 촉진자 역할을 해야 한다.

● 실습 1⟩

TIP

　　내담자는 자전거를 보고 트럭이나 자동차, 톱니바퀴라고 할 수도 있고 자전거보다
는 자전거 주변에 있는 것들의 색감이나 풍경이 더 자신의 마음을 끌어당겨서 그 사진
을 선택할 수도 있다. 또한 자전거라는 같은 선택을 했을지라도 "저는 자전거를 너무
오랫동안 타서 그만타고 싶어요.", "이제 자전거를 타고 신나게 달려야죠.", "잠시 멈춰
서서 재충전을 하려고 하고 있어요.", "자전거 바퀴가 고장이 나서 어떻게 해야 할지
모르겠어요." 등 선택한 이유와 그 반응은 아주 다양할 것이다.

● 실습 2〉

TIP

　　무엇이 보이고 어떻게 보이는가? 활짝 피어있는 꽃을 보고 내담자는 "꽃이 죽어있어요."라고 말을 하는 경우도 있다. 이렇게 사진과 상호작용을 하는 과정은 적어도 사진의 내용만큼이나 중요하거나 때론 더 중요할 수도 있다. 내담자가 표현하는 시각적 이미지들의 주제와 패턴은 마치 누군가 알아주기 바라는 것처럼 반복적으로 나타날 수 있다. 이처럼 내담자가 선택한 사진에는 반복되는 단어, 상징, 감정, 사람, 풍경 등으로 주제나 패턴 또는 의외성이 나타날 수 있으므로 그 연결성을 면밀하게 잘 살펴보아야 한다.

## 3. 자신이 찍거나 모은 사진

### 1) 사진 찍기의 의미

"우리가 사진으로 찍을 수 있는 건 오로지 현재의 순간일 뿐이다." 사진 작가 앙리 까르띠에 브레송(Henri Cartier-Bresson)은 말했다. 우리는 오로지 지금 이 순간만을 찍을 수 있다. 찍는다는 건 현재의 직면성이다. 사진을 찍으려면 실체가 있어야 하고 만나야 한다. 실체를 만나려면 움직여야 하는 것이고 그 과정에서 어려움을 따르게 된다. 그 어려움을 극복하는 것은 직면하는 것이다. 그 어려움을 극복하지 못한다면 찍을 수가 없다. 즉, 사진은 존재하지 않는다는 것이다. 가기 싫은 곳을 가야 하고, 현재를 직면하게 되고, 못했던 것을 극복하게 되는 것이 사진 찍기의 특징이며 힘이다.

카메라를 들고 무엇인가를 찍기 위해서는 카메라 셔터를 누르기 전에 보는 것부터 하게 된다. 그 본다는 것의 대부분은 자기 자신에게서 나온다. 너무나 익숙한 것을 찍을 수도 있고, 한 번도 본 적이 없던 것을 신기해하며 찍을 수도 있고, 낯설고 가보지 않은 곳을 탐험하며 찍을 수도 있다. 그 대상은 사물일 수 있으며 사람일 수 있다. 의도를 갖고 찍었거나 전혀 예상하지 않고 찍은 사진일지라도 그 안에서 우리는 여러 정서적 반응을 불러일으키게 된다. 그렇기 때문에 사진을 찍는다는 것은 자기표현의 한 형태라고 할 수 있다. 특히, 자발적인 사진 찍기는 창의적이며, 아주 즐거운 놀이이자, 세상과의 의사소통 방식이라고 할 수 있다. 사진을 찍을 때 우리는 의식적이든, 무의식적이든 간에 자기 자신을 상징화시켜 보여주게 된다. 내담자가 카메라 셔터를 누르고 찍고자 한 것은 무엇이며, 무엇을 찍었으며, 그의 관점에서 무엇을 찍기 좋아하는지, 또한, 어떤 순간을 찍고 싶어 하는지는 상담자에게 많은 정보를 제공해준다.

### 2) 사진을 찍은 내담자를 탐색하는 방법

상담자는 내담자가 무엇을 찍고 싶어 하였는지 아는 것이 중요하다. 더불어 무엇을 찍고 싶어 하지 않았는지도 상담자로서는 내담자를 탐색하는데 중요하다. 자신이 찍은 사진 안에서 무엇을 인식하는지, 무엇을 인식하지 못하

는지를 아는 것은 상담자가 내담자가 찍고 싶어 했던 것만큼 탐색하기에 중요
한 요소이다. 이러한 방향성을 함께 탐색해 나아가는 것은 바람직한 작업이다.

### 3) 사진 찍기 탐색 질문

① 과거에 찍은 사진을 가지고 질문하기
- 당신이 생각하기에 찍거나 모은 사진은 주로 어떤 사진들을 찍었나요?
- 당신은 어떤 순간을 포착하고 싶었나요?
- 주로 언제, 어떻게 사진을 찍었나요?
- 본능적으로 셔터를 누르는 편인가요? 아니면 계획하면서 찍는 편인가요?
- 사진을 찍고난 후 혼자 보는 편인가요? 누구와 함께 보나요?
- 지금 이 순간에 의식적으로 피하고 싶은 사진이 있나요?
- 지금 가져온 사진에 가족들은 있나요?
- 주로 찍은 사진들은 사물(음식, 의자 등)인가요? 풍경인가요? 인물인가요?
- 인물사진이라면 어린 아이가 있나요? 당신과 친밀한 관계인가요? 가족인가요?
  전혀 모르는 타인인가요?

### 4) 사진 찍기

① 현재 사진 찍기
- 자신을 상징하는 것을 찍어본다.
- 이 공간에서 안전하다고 느껴지는 곳을 찾아보고 찍는다.
- 자연물, 인공물, 자연물과 인공물의 혼합을 나눠서 5장 정도씩 찍어본다.
- 현재 자신의 소품 중에서 소중하다고 느껴지는 것 3가지를 찍어본다.
- 오늘 새롭게 들어오는 것을 찍어보게 한다.

② 미래 사진 찍기
　내담자에게 미래 사진 찍기는 미래에 일어날 수 있는 일을 찍게 하는 방
법이다. 이 방법에 주제들은 내담자의 감정 상태나 역동에 따라 수정보완하거
나 다른 활동과 연계해도 좋다. 정서와 감정에 초점을 맞춰 진행하거나 일상
생활에서 나타나는 대인관계 및 다양한 방식으로 진행할 수 있다.
- 가보고 싶었지만 가보지 못한 곳을 찍어오게 한다.
- 자신의 집에서 가장 편안하다고 느끼는 곳을 찍어오게 한다.

- 나의 분신, 상징하는 것을 찍어오게 한다.
- 앞으로 10년 후의 나의 모습을 찍어오게 한다.
- 평소 찍지 않았던 것을 찍어오게 한다.
- 일주일 동안 한 사람을 정한 후 사진을 찍고, 그 과정에서 어떤 감정이 일어나
  는지 그 사람과 어떤 역동이 일어났는지, 자신의 감정을 탐색해본다.

### 5) 사진 모으기

내담자가 이전에 찍거나 모은 사진을 20장 내외로 가져오게 한 후 진행할
수 있다. 어떤 종류의 사진이나 이미지를 선택해서 가져왔는지 살펴본다. 예
를 들면, 자신이 찍은 사진위주로 가져왔는지, 아니면 한 권의 잡지에서 마음
에 드는 이미지를 오려왔는지, 자신이 여행을 하거나 미술관 등에 갔을 때 수
집했던 작가의 그림이나 좋아하는 엽서를 가져왔는지 등을 물어본다. 여러 장
의 사진들 중에서 왜 이 사진을 선택했는지, 가져 온 사진에는 자신의 모습은
있는지 등을 물을 수 있다.

내담자에게 상담자는 가져오고 싶은 사진이나 이미지가 있었는데 찾아보
니 없었는지 물어볼 수도 있고, 앨범을 살펴보거나 컴퓨터에 저장되어 있는
사진 중에서 눈에 들어오긴 했지만, 의도적으로 가져오고 싶지 않은 사진이
있었는지도 물어볼 수 있다.

가져 온 사진이나 이미지를 펼쳐보게 한 후, 자신이 찍은 사진들과 차이
가 있는지, 있다면 어떤 차이가 있는지 스스로 탐색해보는 시간도 가져본다.
사진과 사진끼리 대화를 시킬 수도 있고, 어떤 사람에게 주고 싶은지, 어떤 사
람에게는 절대로 주고 싶지 않은지 등 질문을 할 수 있다.

(예) SNS 프로필 사진은 얼마나 자주 바꾸는지, 어떤 상황일 때 바꾸는지, 인물 사진인지 풍경 사
진인지 아니면 음식사진인지 등 물어볼 수 있다.

"나는 사진 작업을 사랑합니다.

무언가를 보존한다는 의미에서가 아니라

절대 풀어낼 수 없는 무한한 수수께끼를 탐구한다는 점에서 그렇습니다.

사진은 답이 없는 수수께끼 같아요.

사물들을 모아놓고 그것들이 무엇처럼 보이는지 바라보는 거지요.

또 세상 안의 형태, 모양, 톤, 빛, 감정, 느낌과 표현

그리고 사람들 사이의 게임을 바라보면서 끝없이 발견하는 매혹이지요."

- &lt;필립 퍼키스의 대화&gt; 중에서

▲ 사례 2〉

하루에도 몇 번씩 나는 나와 마주한다.
하루에도 몇 번씩 나는 타인들과
마주한다.
카카오 톡의 프로필 사진을 통해서.

오랫동안 교류를 하지 않아 안부가 궁금할
때도,
온라인상에 올라온 사진들을 보며
그들이 현재 어디에 있고, 어느 곳을 여행하
고 왔으며,
무슨 일이 일어났는지 엿볼 수 있다.
우리는 이런 시대를 살아가고 있다.

　　필자는 아래 사진을 1년 넘게 카카오 톡 프로필 사진으로 사용했었다. 어쩌면, 누군가에게는 프로필 사진이 하나의 이벤트이거나 잠시 머무는 추억일 수 있지만, 누군가에게는 자신의 마음에 새긴 감정의 파장이고, 마음의 처소이기도 할 것이다. 그만큼 단 한 장의 사진, 모은 사진들은 각자 특별한 의미를 부여한다.

　　2014년 한국사진치료학회 동계학술대회 때 모든 프로그램을 마치고 난 후, 마무리하는 순간이었다. 예술치료사이자 사진작가로 왕성하게 활동하고 있는 '크리스티나 누네즈(Cristina Nuñez)'와 나는 서로 눈이 마주치게 되었고, 그 순간 나에게 다가와 꼭 안아주었다. 다른 이들을 늘 안아주고 다독여주는 삶이 나의 일상이라면, 이 순간만큼은 어린아이가 되어 푹 안긴 모습이었다. 한동안 프로필 사진으로 있던 사진, 나에게는 아주 특별한 사진으로 남아있고 간직하고 있다.

▲ 사례 3> 내담자가 찍은 사진

▲ 사례 4〉 내담자가 찍은 사진

## 6) 자신이 찍거나 모은 사진 실습

Judy Weiser의 사진치료기법 중 두 가지의 실습 방법을 제시하고자 한다. 첫째는 '불타는 우리 집'이고, 둘째는 Harbut(1975)가 고안하고 Stewart(1980)가 수정한 화성여행(Mars Trip)을 변형한 연습을 기초로 한 '우주정거장' 실습이다.

내담자가 찍거나 모은 사진을 20장 내외로 가지고 오게 한 후, 사진이 내담자에게 한눈에 보일 수 있도록 사진을 펼쳐놓는다. 꼭 사진이 아니어도 무방하다. 잡지에서 오린 사진이나, 엽서, 카드, 내담자에게 의미가 있거나 특별하다면 무엇이든 간에 다 사용할 수 있다.

갖고 온 사진이나 이미지 중에서 20장 내외의 사진을 선택하거나 배제하는데 사용한 근거는 무엇인지, 선택하면서 어떤 위주로 결정하였는지 묻고 어떤 사진이 가장 어려웠는지 탐색해보는 시간을 갖는다. 이야기하게 한 후, 실습에 들어가기에 앞서 호흡을 가다듬게 하고 몸을 이완시킨 후 시작하는 것이 좋다. 호흡에 집중을 못하고 마음이 분주한 상황이 느껴지면 눈을 감고 들숨과 날숨을 몇 번하게 한 후 실습에 들어가게 하는 것이 바람직하다. 내담자가 개인이 아니고 구성원이 집단이라면 상담자가 이야기하는 것 외에는 프로그램이 끝날 때까지는 어느 누구도 말을 해서는 안 된다고 주의를 주고 시작하는 게 좋다.

### ① 불타는 우리 집

외출을 했다가 집 문 앞에 들어섰는데 당신이 살고 있는 집이 불이 나 있는 상황입니다. 불 속에서 가지고 나갈 수 있는 것은 오로지 사진 6장뿐입니다. 시간이 많지 않습니다. 주어진 시간은 1분이고, 그 시간 안에 사진 6장을 선택해주세요.

② 우주정거장(Space station)

- 당신이 앉아 있는 곳에 사진들이 잘 보일 수 있도록 펼쳐놓으세요. 특별한 순서나 배열은 없습니다.

- 눈을 감아 주세요. → "당신은 우주여행하기를 원했는데 드디어 꿈을 이루게 되었습니다. 수많은 지원자들 중에서 저 멀리 있는 화성에 새로 개척한 우주정거장에 살게 될 사람으로 당신이 선택되었습니다. 당신은 이 사실에 매우 기뻐하며 즐겁고 약간은 흥분된 상태입니다. 당신은 이 여행을 떠나길 고대하고 있습니다. 당신은 이 우주정거장에서 혼자 살게 될 것이고, 남은 인생 내내 어떤 사람과도 만날 수 없게 됩니다. 위성전화나 컴퓨터 접속도 할 수 없지만, 당신에게 아주 긍정적 경험이 될 것이고 그곳에 가는 것에 기꺼이 동의했습니다. 자, 이제 당신은 지금 떠나야 하기 때문에 간단한 개인 소지품을 넣는 작은 가방 하나만 가지고 갈 수 있습니다. 양말과 속옷 몇 벌, 치약 그리고 단 6장의 사진만 갖고 갈 수 있습니다. 이번에 여행을 가면 다시는 돌아오지 못합니다. 당신이 지원했을 때 이 점에 대해 잘 알고 있었으며, 축하합니다. 이런 점은 당신에게 문제가 되지 않습니다."
지금부터 눈을 뜨고 앞에 놓여있는 사진 중에서 6장을 선택하고 나머지는 옆으로 모아주세요.'

- "어머, 사진 6장이라고 말했나요? 죄송합니다만, 비행 관리자가 지금 내게 6장이 아니라 5장의 사진을 가지고 갈 수 있다고 말하네요. 6장이 아니라 5장입니다."

- 5장의 사진이 놓여있는 상황에서 다시 내담자에게 말을 한다. "어! 이런, 내가 5장이라고 했나요? 죄송합니다. 사실은 사진 4장을 말하는 것이었으니 한 장을 더 왼쪽으로 치워주세요."

- 4장, 3장, 2장 그리고 나머지 한 장을 남도록 진행을 한다. 마지막 남은 사진 한 장은 우주정거장에 가지고 갈, 단 한 장의 사진이 될 것이다.

TIP | 상담자

위의 지시문에 따라 활동을 하는 것은 아주 단순하게 보일지 모르지만, 내담자에게 '불타는 우리 집'이나 '우주정거장' 실습은 매우 강렬한 경험이 될 수 있다.

6장의 사진 중에서 몇 장을 선택할 때가 가장 힘들었는지, 진행이 되는 동안 어떤 감정이 올라왔는지, 마지막 남은 한 장의 사진은 어떤 이유로 선택하게 되었는지 이야기를 들어본다. 6장의 사진을 다시 펼쳐놓고 자리를 바꾸고 보고 싶은 사진을 자유롭게 바꿔보게 해봐도 좋고, 상상과 창의적으로 스토리텔링을 해봐도 좋다. 사진과 사진으로 서로 대화를 나누도록 할 수도 있다. 자신이 마지막 선택한 사진에 사람이 있다면, 그 안에 있는 사람은 반대로 내담자를 몇 번째 선택을 할 것인지 반대로 물어볼 수도 있다. '불타는 우리 집'에서 6장의 사진을 선택한 후 '우주정거장' 실습처럼 동일하게 적용할 수 있다.

▲ 실습 〉 내담자가 찍은 사진

# ◐ 참고문헌

김자영 (2003). C. G. Jung의 상징 이론. 홍익대학교, 석사학위논문.

김준형·유순덕 (2016).「사진치료의 기법과 실제」. 비커밍.

이상면 (2010).「최초의 영상기구, 카메라 옵스쿠라의 문화사적 의미」. 연세대 미디어아
    트연구소.

박소현 (2004). 사진치료의 이론과 실제: 가족사진을 통한 사진치료 연구. 이화여자대학
    교 디자인대학원, 석사학위논문.

진동선 (2011).「사진철학의 풍경들」. 문예중앙.

진중권 (2014).「이미지 인문학 1」. 천년의 상상.

Judy Weiser (2016). 한국사진치료학회 동계학술대회 워크샵ㅡ주디 와이저 초청 강연 자
    료. 한국사진치료학회.

Judy Weiser. 심영섭·김준형·이명신 공역 (2012).「사진치료기법」. 학지사.


www.spectrovisio.net

제4부

# 연극치료

제1장

# 연극치료의 이해

## 1. 연극치료의 정의

연극치료(Drama Therapy)는 드라마(drama)와 치료(therapy) 두 단어의 결합이다. 연극치료의 정의는 각 나라와 학자마다 다소 견해차이가 있다. 치료받는 대상을 강조하는 영국에 비해 미국은 주로 연극치료의 본질인 유기적이고 인본주의적인 것을 강조한다(최윤주, 2013).

연극치료를 정의하는 시도들은 여러 차례 있어 왔다. 연극치료는 치료 과정으로 드라마와 연극의 치유적인 측면을 의도적으로 사용하는 것에 초점을 맞춘다. 창조성, 상상력, 학습, 통찰력과 성장을 용이하도록 행동을 활용하는 작업방식이자 놀이방식이다.

영국 연극치료협회(B.A.D)는 연극치료를 다음과 같이 정의하고 있다.

"연극치료는 사회적, 심리적 문제와 정신 질환 및 장애를 이해하고 증상을 완화시키며 상징적 표현을 촉구하는 수단으로서 그것을 통해 내담자들은 음성적이고 신체적인 소통을 유발하는 창조적 구조 안에서 개인과 집단으로서 자신을 만날 수 있다."

또 전미연극치료협회(N.A.D)는 이렇게 정의(1982)한다.

"연극치료는 증상완화, 정서적이고 신체적인 통합, 개인의 성장이라는 치료목표를 성취하기 위해 의도적으로 드라마를 활용하는 것이다."

수 제닝스는 "극적구조를 사용해 내담자가 현실과 상상을 오가는 특별한 공간 속에서 일어나는 사회적 만남 가운데 통찰을 얻고 감정을 밝혀볼 수 있도록 돕는 드라마를 통한 치유"라고 정의하였다. 이 정의들은 연극치료의 창조적이고 표현적인 본질과 연극치료사의 심리치료적 목표를 함께 고려한다.

## 2. 연극치료의 기원과 발달

연극치료의 기원은 연극의 기원설인 고대 제의식에서 찾아볼 수 있다. 제의식에서 의식을 거행하는 자는 주술적 행위를 통하여 사람들의 신체와 심리적 문제를 해결하였는데, 이것은 연극치료의 치유적 특질이다. 의식을 통해 사람들은 카타르시스(catharsis)를 느끼며 감정의 해소, 즉 내면의 미해결 과제와 억압 등을 해결함으로써 감정의 정화를 얻고 집단에 새롭게 적응하는 등 보다 생산적인 활동을 하게 되었다(홍유진, 1993).

"드라마는 은유다. 드라마의 의미는 실제도 가상도 아닌 그 두 맥락 사이의 변증법적 관계에서 발생한다."라고 연극교육자 가빈볼튼(Gavin Bolton)은 말한다.

이것은 드라마 전반에 대한 날카로운 통찰이 담겨져 있는 말이다. 사람들을 무대 위의 배우라고 말한 은유적 표현은 수많은 시인, 극작가, 철학자들이 몇 백 년 동안 즐겨 써온 말이다 .그리고 사회학자 어빙 고프만(Eeving Goffman)은 사람들이 일상생활에서 자기(self)를 연기(perform)하고 교정(reform)한다고 말한다.

드라마를 활용하는 이유는 연극의 전통적인 치유기능에서 찾을 수 있다. 연극은 관객의 감정과 생각과 믿음을 생생히 그려내기 위해 다채로운 양식의 연기, 디자인, 의상, 소도구를 포함해 기타 장치들을 동원해 왔다. 이 장치들을 연극치료에 적용함에 있어서 연극치료사는 양식화(stylization)를 내담자의 실질적 욕구와 문제를 드러내는 거리조절 장치로 사용한다. 배우는 자신의 일부를 가공의 역할에 투사하고 그것으로써 관객과 소통한다. 연극치료사의 작업은 그 투사를 읽어내고 허구에 가려진 이면을 통찰하는 것이다. 그렇다고 해서 연극치료가 로널드 하우드(Ronald Harwood)의 옷을 걸친 자(The Dresser) — 각하라는 인물이 왕족의 의상과 가발과 분장을 하나하나 걷어내면서 종국에는 한낱 가엾은 노인으로 전락하고 만다는 내용 — 처럼 내담자를 발가벗기는 것을 목적으로 하지는 않는다. 그보다 치료사는 내담자가 가면과 얼굴, 페르소나(persona: 개인의 일부)와 퍼슨(person: 개인의 존재전체)의 변증법을 인식할 수 있게 돕는 역할을 한다.

공연의 양식은 배우와 관객이 인물에 동일시하는 능력에 깊이 영향을 미친다. 마찬가지로 연극치료에서도 양식화 정도에 따라 내담자가 자신의 문제를 대하는 거리가 달라진다.

연극적 장치는 일상의 자연스런 놀이와 재현적 드라마와 함께 연극치료에 자원을 공급하는 중요한 원천이다. 연극은 일단 의식이 생성된 이후에는 영원히 변증법적일 수밖에 없는 존재의 복합성, 즉, 상상과 허구와 주관의 세계와 이에 반하는 일상과 현실과 객관의 세계 사이에 놓인 인간존재 상태를 직시하게 하는 강력한 수단이다. 그리고 바로 그것이 드라마를 치료에 활용하게 하는 것이다.

연극치료는 프랑스의 De Sade에 의해 처음 등장하였으나 개별적인 것에 활동이 한정되어 있었다(김진숙, 1993, 김종현, 2012, pp. 5–6, 재인용). 연극치료라는 단어는 「사람됨의 길잡이로서의 연극치료(Drama therapy as an Aid to Becoming a Person)」(1959)에서 연극 교육학자이자 배우인 영국의 '피터 슬레이드(Peter Slade)'가 가장 먼저 사용하였다고 정의할 수 있다. '피터 슬레이드'는 아이들의 놀이에 관심을 기울였고 「어린이 드라마」(1954)에서 몸, 공간, 역할과의 관계 측면에서 아동의 발달을 이해하는 데 필요한 이론적이고 실제적인 틀을 제시했다. 또한, 드라마를 바탕으로 한 아이디어를 아동과 성인을 위한 치료에 적용한 최초의 영국인이다.

미국의 경우는 1947년, Solomon이 동료와 같이 일리노이 향군 재활센터에서 심리적 문제를 겪고 있는 병사를 연극치료 대상으로 삼아 작업하였다. 이후 1950년 출판된 Alfred Solomon의 저서 「연극치료」에 실제 작업들이 풍부하게 제시되어 있다.

국내의 경우, 연극치료는 홍유진 박사가 1990년 '사랑의 전화 복지재단'에서 주최한 드라마치료 워크숍을 진행하며 최초로 도입되었다. 1991년, Robert Landy 박사가 있는 미국 N.Y.U.에서 "CATHARSIS: Ritual & Theater"를 연구하여 연극 심리학 박사학위를 취득, 1992년 KBS1TV <집중기획–한국의 10대 제5편: 아프면서 크는 나무>에서 청소년의 자살문제를 다룬 '연극치료'시연을 국내 최초 TV를 통해 선보였다. 또한 1992년 9월 중순 '홍유진심리드라마연구소'를 개소하는 등 한국연극치료의 정착과 발달을 위해 힘썼다(최윤주, 2013, pp. 9 - 10).

## 3. 연극치료의 목표

목표(objective)란 지향(aim), 성과(outcome), 목적(goal)과는 달리 행동상의 변화라는 의미가 담겨 있다. 행동상의 변화란 외면적이고 직접적인 관찰 가능한 것을 말한다. 변화에는 또한 의식상의 변화와 행동상의 변화가 있다. 의식의 변화는 행동의 변화를 가져오며 그 반대로 행동의 변화는 의식의 변화를 가져온다고 믿는다. 이것은 정신분석과 행동주의자들에게서 복합적으로 알아볼 수 있다. 정신분석가들은 무의식을 의식화하기 위해 노력하지만, 내담자의 관점에서 볼 때 그것이 반드시 행동상의 변화를 수반하지는 않는다. 반대로 행동주의자들은 행동상의 변화를 목표로 삼는다. 그렇지만 단순히 행동이 변한다고 해서 내담자의 의식이 항상 바뀌는 것은 아니다.

예 공격성에 대한 정신분석학파와 행동주의 학파의 견해

모레노를 비롯해 브로이어와 프로이트는 카타르시스에 주목하여 내담자가 억눌린 분노나 적대적 감정을 표출하고 나면 평형과 조화로움을 되찾게 된다고 한다. 반두라와 월터스의 행동주의 모델은 일단 내담자가 공격적인 모델을 모방하면 공격성이 해소되기보다는 오히려 공격적으로 행동할 수 있는 가능성이 더 커진다고 본다. 이 상황에서 치료사가 두 모델이 모두 타당하다고 생각한다면 내담자의 공격성을 과연 어떤 입장에서 치료해야 할 것인가? 연극치료는 이 상황에서 드라마의 본질인 극적 형식을 손상하지 않는 창조적이고 표현적인 본질을 잘 반영할 수 있는 새롭고 포괄적인 모델을 찾는다.

연극치료의 가장 일반적인 목표는 치료 대상의 역할 레퍼토리확장을 통해 개인역할을 효과적으로 영위할 수 있도록 돕는 것이다. 다만, 치료 대상의 특성과 욕구에 따라 구체적 목표가 달라질 수 있는 것이다(Landy, 2002, pp. 92 - 93).

## 4. 연극치료의 효과

연극치료는 드라마(drama)와 연극(theater)의 과정을 치료 또는 치유적인 목적을 가지고 사용하기에 활동적이고 실험적이다. 이러한 접근방식은 참여하는 이들로 하여금 그들의 스토리를 말하게 하고, 목표를 세우고 문제를 해결하는 과정이나 느낌을 표현함으로써 카타르시스에 도달하도록 할 수 있다. 드라마를 통해 내적 경험의 심층부분이 생생하게 탐험될 수 있고 대인관계기술도 향상된다. 참여자들은 과정 안에서 역할 레퍼토리의 확장을 통해 자신의 삶의 역할 수행 능력들을 강화시킬 수 있다. 치료 세팅, 중재, 개입 하에서 연극치료를 통해 행동변화, 정서적, 신체적 통합과 개인적인 성장이 이루어질 수 있다.

### 1) 심리적 거리조절을 통한 심신의 통합을 이룬다

거리조절의 핵심은 개인이 타인과의 관계에서 느끼는 심리적 분리와 심리적 밀착의 두 극단을 모두 벗어난 균형점에 있다. 그 지점에서 개인은 생각하면서 느낄 수 있고 신체와 정서와 지적인 측면에서 안정적인 조화를 찾게 된다.

### 2) 카타르시스 효과를 통해 억압된 감정을 해소할 수 있고 적절한 감정을 표현할 수 있다

가족이나 타인에게 자신의 이야기를 직접적으로 표현하지 못하고 억압했던 감정을 다양한 방식을 통해 표현함으로써 카타르시스를 느낄 수 있다. 또한, 반대로 너무 과하게 표현하는 경우에는 역할극을 통해 상대방의 입장에서 생각해볼 수 있다.

내담자의 문제는 행동이나 정서 혹은 사고의 불균형으로 드러나는 경우가 많다. 그럴 때 먼저 즉흥극의 구조를 빌어 내담자가 그 불균형을 재현할 수 있게 한 다음 균형점에 이를 때까지 작업을 진행해 나간다. 미적 거리의 성취 여부는 역할 연기와 카타르시스에서 가시적인 형태로 확인된다.

### 3) 제한된 역할레퍼토리의 확장을 가져온다

내담자가 새로운 역할을 시도하고 낡은 역할을 확장하는 가운데 균형 상태를 성취하여 충동적 발산과 강박적 억제에서 해방됨으로써 수행할 수 있는 역할의 가지 수를 확장시킨다.

### 4) 자발성 회복을 통한 자신감이 증진된다

자발적인 상태에서 개인은 실제 세계와 극화된 세계에 동시에 존재하며 또한 과거와 현재의 시제를 함께 살아낸다. 자발적으로 행동한다 함은 순간순간에 집중하여 온전히 현재를 사는 것을 뜻하며 이로써 미지의 위험은 완화된다. 자신이 이미 알고 있는 것들을 신뢰하고 살아온 삶을 긍정함으로써 미지의 세계로 진입하는 위험에 훨씬 가볍게 도전할 수 있게 된다.

### 5) 자기 자신을 있는 그대로 인정하고, 받아들임으로써 자존감이 향상된다

위축되어 있거나 소심한 경우에도 현실이 아닌 무대에 서 보는 경험을 통해 자존감이 향상될 수 있다.

### 6) 다양한 역할 연기를 통해 사회성이 길러진다

다양한 역할 연기를 해봄으로써 다른 사람의 삶을 경험해볼 수 있고, 역할 교대를 통해서 타인에 대한 이해도가 생긴다. 관객이 있는 치료적 무대라면 내담자는 관객 앞에 서 있는 것 자체가 사회성 획득의 지표가 된다.

### 7) 안전한 공간에서의 놀이를 통해 무의식 탐색이 가능하며 창조성이 발달된다

치료적 공간으로서 무대는 내담자의 즉흥성, 자발성, 창조성이 발현되도록 최적화된 치료공간을 제공한다. 내담자는 준비되지 않은 즉흥적 상황을 맞이하게 되면 자아의 장벽을 넘어 무의식이 발현된다. 무의식의 발현을 자발성으로 탐색하게 되면 뜻하지 않는 창조성이 발현된다. 내담자는 무대라는 안전한 공간에서 자유롭게 표현해봄으로써 자발성, 창조성의 세계로 들어간다. 창조적 상황 속에서 자연스럽게 문제해결 능력이 생긴다.

# 제2장

# 연극치료의 이론적 모델

## 1. 로버트 랜디(Robert Landy)의 역할 모델

〈2015년 12월 19~20일 동덕여자대학교 공연예술센터〉

연극치료의 개척자인 로버트 랜디 박사는 뉴욕주 공인 예술치료사이며, 공인 연극치료사 및 전문수련가이다. 국제적으로 강의 및 치료사 양성을 하고 있으며 35년 이상 연극치료사로서 활동하면서 정신적, 인지적, 적응능력 등에 문제를 가진 어린이와 성인들을 치료하고 있다. 로버트 랜디 박사는 뉴욕대학교에서 1984년에 연극치료 전공학과를 개설하였으며, 교육연극학과와 응용심리학과의 교수로 재직하고 있다.

## 1) 역할

로버트 랜디(Robert Landy)의 '역할'이란 "역할은 고유하고 일관된 구체적 특질을 담고 있는 인성의 기본 단위이다."로 구체화하였다. 어떤 경우든 역할은 더 이상 나눌 수 없는 인성의 가장 작은 양상이다. 역할은 인성의 한 부분으로서 해당 특성을 발휘하여 개인의 삶 속에서 인식 가능한 목적을 위해 소용된다. 일상생활에서 역할을 이해하려면 다음의 예를 참고할 수 있다. 뜨거운 컵이 있다고 가정하자. 그 뜨거운 컵을 손에 쥐었을 때 소리를 지르며 밖으로 소란을 뜨는 사람이 있는 반면에 조용히 참으면서 그 자리에 내려놓는 사람이 있다. 이 두 사람 사이에는 역할의 차이가 존재한다. 같은 고통에 대해 전자는 공격자의 역할이고 후자는 순교자 역할이다. 인성의 기본 단위인 역할은 이렇게 기능한다. 역할을 이해함에 있어 우리는 역할 유형, 역할 특성, 역할 기능, 역할 양식, 역할 체계의 의미를 조목조목 나누어 짚어볼 필요가 있다. 그런 후에야 역할 취득과 역할 수행의 과정을 파악할 수 있을 것이다.

역할기법의 세 가지 형태는 '역할(role)', '반대역할(counter-role)', '안내자(guide)'로 구성된다. '역할'은 드라마의 주인공이며 그와 대립되거나 부정, 회피, 무시하는 등 내면에 숨어있는 다른 측면을 '반대역할'이라 한다. 반면, '안내자'는 두 역할 사이의 상호작용을 돕고 내담자가 길을 찾을 수 있도록 안내하고 조력한다(Johnson 외, 2011, pp. 76-77).

연극치료 세션에서 내담자는 현실과 상상의 세계의 전이적 공간(Winnicott, 1971)에서 역할 취득자 또는 역할 연기자로 '나'와 '나 아닌 것'의 극적인 삶을 통하여 특정한 주제를 탐험한다. 역할이 연기됨으로써 역할 갈등이 일어나게 되고 인간은 이러한 갈등 속에서 균형과 질서, 통합을 추구한다(Landy, 2010, pp. 13-104). 이렇듯 내담자는 역할 연기를 통해 단순히 삶을 경험하는 차원을 떠나 성숙과 변화를 향해 나아가고 치유될 수 있다. 역할 연기자는 상상의 세계와 현실세계, 두 세계를 넘나들며 역할을 해낸다.

## 2) 역할 모델

역할 접근법은 다음과 같이 여덟단계로 구성되어 진행된다(Landy, 1993, p. 46).

- 1단계: 역할을 불러낸다.
- 2단계: 역할의 이름을 짓는다.
- 3단계: 역할을 연기한다. / 역할로서 작업한다.
- 4단계: 대안적 특질과 하위유형을 탐구한다.
- 5단계: 역할 연기를 분석한다. 해당 역할의 고유한 역할 특성과 기능과 양식을 찾아본다.
- 6단계: 가상의 역할을 일상생활에 연결시킨다.
- 7단계: 역할들을 통합하여 기능적인 역할 체계를 만든다.
- 8단계: 사회적 모델링-특정 환경 내에서 역할을 연기하는 내담자의 행동이 다른 사람들에게 어떤 영향을 미치는지 알아낸다.

1~2단계는 세션의 구조에서 웜업 단계에서 이루어진다. 내담자는 역할을 선택하고 이름을 붙여 독립된 정체성을 부여한다. 이름을 붙이면 가상의 역할에 현실성이 더해진다.

3~4단계는 세션의 구조에서 행동화 단계에 해당된다. 내담자는 선택한 역할을 이용하여 그 역이 가지는 특질과 기능과 양식을 탐구하고 대안적 특질과 하위 유형을 탐색하기도 한다. 모든 자녀가 같은 역할을 수행하지는 않는다. 모범적인 자녀에게도 부모에 대한 분노가 있을 수 있고 저항적인 자녀에게도 부모에게 인정받고 사랑받고 싶은 욕구가 있을 수 있다.

5~7단계는 세션의 구조에서 마무리 단계에 해당된다. 이 단계에서 내담자들은 먼저 허구의 관점에서 역할 연행을 되돌아본다. 그런 다음에 가상의 역할연행이 어떻게 현실과 연결되는지를 검토하여 모순되는 역할을 통합하고 균형을 찾는다.

8단계는 내담자가 역할 체계를 변형하는 방법을 찾고 그러면서 다른 사람에게 긍정적인 역할 모델이 되는 것을 말한다. 이 과정은 세션 도중에서뿐만 아니라 일상생활에서 훈습 과정으로 확인해야 될 부분이다.

## 3) 역할분류 체계

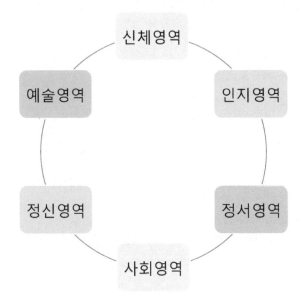

신체영역

인지영역

예술영역

정서영역

정신영역

사회영역

Landy의 역할분류 체계는 신체영역, 인지영역, 정서영역, 사회영역, 정신영역, 예술영역까지 여섯 영역으로 분류되며, 84가지(하위유형생략)의 역할 유형으로 분류된다(Landy, 2010, pp. 290-410). 이를 활용한 역할 유형의 카드로 진단 평가를 하는 방법은 아래와 같다.

## 4) 역할유형카드 진단평가

PART 1. 역과 역의 모습을 분류하여 작업하기

1. 이것은 개인 인성을 알아보려는 시도에서 행해진다.

2. 이것은 영화, 연극, 이야기 등에서 흔히 볼 수 있는 등장인물들의 성격이다.

3. 한장 한장 각 카드에 역할의 이름이 각각 적혀있는데, 카드에 적힌 역들을 보고 지금 느끼는 감정대로 카드를 아래 네 그룹 중의 하나에 놓는다.

   ① 나는 이것이다. (나는 이 역/인물이다)

   ② 나는 이것이 아니다.

   ③ 나는 이것인지 확실하지 않다.

   ④ 나는 지금 이것이 되기를 원한다.

## PART 2. DISCUSSION / 토의

1. 상담자는 내담자에게 여러 질문들을 할 수 있다.

   ① 각 그룹을 볼 때 무엇을 보는가?

   ② 어떤 놀라움이 있는가?

   ③ 어떤 역이 가장 중요하고, 어떤 역이 가장 중요하지 않는가?

   ④ 역들이 어떻게 일상적인 삶과 연관 지어지는가?

2. 상담자는 내담자에게 각각 나누어진 카드들로부터 한 역씩 선택하도록 요청한다. (4장 선택)

3. 상담자는 내담자가 선택한 역들을 가지고(4개) 스토리텔링을 해보도록 한다.

4. 상담자는 내담자에게 그 스토리텔링을 한 내용과 자신의 삶이 어떤 연관성이 있는지 물어본다.

## PART 3. RESULT / 결과

카드를 네 그룹으로 나누는데 특별히 옳고 그른 방법은 없다. 그러나 랜디의 이론에 의하면, 상담자는 내담자들이 올바른 방법으로 자신을 볼 수 있는지, 없는지를 체크해야 한다. 올바른 방법이란 '나는 이것이다', '나는 이것이 아니다'가 아니라, 각 역들을 비교적 균등하게 나누었는가 하는 것을 의미한다. 만약에 '내가 이것인지 확실하지 않다' 라는 그룹에 카드가 없다면, 자기 정체성 인식에 있어 비교적 확실하다. 이 그룹에 카드가 많이 모이면 역에 대해 이해가 부족하거나, 모르거나, 내담자와 조금 더 이야기를 나누는 것이 좋다. 그러나 상담자가 내담자에게 상담자의 판단을 강요하지 않는 것이 중요하다. 정확한 질문들을 통해서 내담자가 자신의 역의 성격은 어떤지 스스로 탐색하고 통찰할 수 있도록 한다.

## PART 4. ANALYSIS / 분석

어떤 분석된 판단도 이 시점에서는 임시적이다. 그러나 역의 성격적 윤곽의 내용을 분석/해석하는 것은 아래의 일련의 반응들을 기초로 해서 이루어질 수 있다.

1. 나는 이것이다. 나는 이것이 아니다.

⇒ 이 두 그룹으로 나누는 데 있어 카드가 비교적 균등하게 나누어진다면, 내담자는 안정된 상태를 보여준다.

2. 나는 이것이다. 나는 이것이 아니다.

⇒ 이 두 그룹으로 나누는 데 있어 카드가 비교적 불균등하게 나누어진다면, 내담자는 불안정한 상태로 볼 수 있다.

3. 나는 이것인지 확실하지 않다.

⇒ 이 그룹의 역할이 다른 그룹보다 많으면 내담자는 불안정한 상태를 의미한다. 이 불안정성은 역에 대해 잘 모르거나 내담자가 아직 명확하게 구분짓지 못하는 것이다.

4. 나는 이것을 원한다.

⇒ 이 그룹이 다른 그룹보다 많으면 내담자는 삶의 목표에 있어 명확하거나, 혹은 그 반대로 현실존재에 대해 제대로 알지 못하는 상태일 수 있다.

5. 상담자가 내담자를 혼동시키거나 어렵게 만드는 역을 지적할 때, 내담자가 그것을 부인하면, 상담자는 내담자가 역에 대해 더 생각해 볼 필요가 있다고 알려 주어야 한다.

6. 적당한 균형이란 뜻은 내담자가 역들이 어떤 것이 가장 중요하고 중요하지 않은지, 또 왜 그런지 자세히 알고 있다는 뜻이다. 만약에 내담자가 그렇지 않다면, 그의 삶의 여러 면들에 대해 집중할 수 있도록 하고, 우선순위가 무엇인지를 생각해보도록 열린 질문을 할 수 있다.

7. 만약에 한 그룹에 서로 상반된 역들이 있다면, 이것은 내담자가 애매모호한 역들을 선택하는 것에 문제가 없다고 생각하거나, 내담자가 혼동하거나, 혼동을 주는 역들을 분류하는 데 적절한 질문을 할 수 있다.

8. 내담자가 다른 그룹에 있는 역/인물을 이용해서, 어떤 의미를 연결할 수 있다면 그는 안정된 상태로 작업에 참여하고 있다.

9. 내담자가 역할들 사이에 형태를 구분하지 못하면, 내담자가 조직적으로 형태를 만들어 가지 못한다는 뜻일 수 있다.

10. 내담자가 자신의 역의 윤곽을 추상적으로 보거나, 의미 없이 본다면 자아의 주체적 감각의 상실감이 있는지, 감정은 어떤지 살펴봐야 한다.

11. 내담자가 실습 후 흥미 있었고, 역의 윤곽 찾기 경험을 유용하게 사용하는 방법을 알고 있었다면, 그는 안정된 상태이다. 만약에 그가 이 실습의 의

미를 잘 알지 못하고, 무의미하고, 재미없다고 생각한다면, 그 자체로도 의미가 있다. 어떤 역이 혹은 어떤 상황이 재미없다고 느꼈는지 물어보라.


## 2. 수 제닝스의 EPR 모델

〈2009년 수 제닝스 초청, 연극치료사를 위한 심화 workshop〉


　　영국 연극치료 분야의 대표적인 1세대 연극치료사이자 대모로 불리는 '수 제닝스(Sue Emmy Jennings, 1938~)'는 정신병원에서 첫 번째 연극치료 작업을 시작한 이래로 그동안 연극치료형성에 기초를 제공하여 왔다. 그녀는 연극치료를 "극적구조를 사용해 내담자가 현실과 상상을 오가는 특별한 공간 속에서 일어나는 사회적 만남 가운데 통찰을 얻고 감정을 탐험할 수 있도록 돕는 드라마를 통한 치유"라고 정의하였다(Jenings, S., Cattanach, A., Mitchell, S., Chesner, A. & Meldrum, B., 2010, p. 35). 또한, 연극성 자체에 치유의 바탕을 두고 있으며, 작업의 근원 역시 연극 예술에 있음을 강조하였다. 그녀는 자폐아동과 연극치료 작업에서 "누구도 이 그룹에 대해 과소평가말라"고 했다. 연극이라는 구조에 들어오면 인간은 그 자체로 치유가능성에 대해 열려 있고 치료하는 치료사보다는 연극자체의 힘을 신뢰한다. 그녀는 연극치료를 '내담자들을 치료하거나 치유하고 이롭게 할 목적으로 특별한 상황에서 적용되는 연극예술을 지칭하는 개념'이라고 정의한 바 있다.
　　수 제닝스의 연극치료 이론적 구조의 바탕은 교육연극과 연극 공연, 제의

및 놀이치료 등에 의한 이론과 경험에서 찾아볼 수 있다. 그녀는 아동의 발달
과정을 바탕으로 "체현(Embodiment) – 투사(Projection) – 역할(Role)"의 극적 발
달의 패러다임, EPR 모델을 구조화하였으며 이를 모든 발달의 모태로 본다.
인간은 이미 태중에서부터 어머니와 극적 교류를 시작하는 존재로, 평생을 거
쳐 체현(E) – 투사(P) – 역할(R)의 단계들이 계속해서 찾아오며, 결국에는 특정
한 상태에 대한 선호로 귀착되는 경향을 보인다. 그러나 심각한 병이나 학대,
고립 등의 문제가 있는 환경, 내담자의 무능력 등으로 인해 정상적인 EPR의
단계를 거치지 못하고 그냥 지나쳤을 수 있다. 놀이의 경험을 중요하게 여기
지 않아 성장의 방해요소가 되었던 내담자들에게는 연극치료의 EPR의 세 단
계는 안정성을 제공하고, 유용한 구조를 제공하며, 근본적인 치료적 중재를
할 수 있도록 돕는다.

## 1) EPR 모델

### ① 체현(Embodiment)

체현(embodiment)은 아이들이 직접적인 감각 세계로부터 얻게 되는 전
(前) – 언어적 탐구를 포함하는데, 보통 1살까지 나타나는 단계이다. 이 시기에
는 신체적이고 감각적인 놀이가 대부분을 차지하며, 아이들의 극적 발달의 측
면에서 체현(embodiment) 혹은 감각/신체놀이(sensory/physicalplay)라고 한다.
처음 1년 동안 아이들은 전반적으로 감각과 신체로 반응한다. 따라서 이 시기
에는 소리, 빛, 맛, 감촉, 냄새의 변화가 매우 중요하다. 몸과 감각을 가지고
놀며, 신체가 경험하는 것의 상당 부분은 아이를 돌보는 어른, 특히 엄마와 강
하게 밀착되어 있다. 아기가 앉고 걷기 시작하면서 감각적인 세계는 더욱 확
장되어 간다. 체현을 통해 아이들은 다섯 가지 감각을 인식하게 되는데, 곧 시
각, 후각, 청각, 미각, 촉각 등 오감의 사용은 몸을 통한 감각의 새로운 인식을
가능하게 한다. 이 단계는 아이들이 자신의 몸과 더 잘 연결될 수 있도록 돕
고, 아이들은 그때 감정으로써 새로운 몸의 감각을 더 잘 해석할 수 있게 된
다. 몸 바깥의 세계를 탐험하기 시작한 후에도 아이들은 여전히 모래, 물, 밀
가루 등의 질감과 느낌을 즐기는 감각적인 놀이에 몰두한다. 이는 아이들이
자신의 신체를 탐험하고 그들 주위의 세계를 탐구하기 위해 그들의 몸을 이용
하는 첫 번째 발달 단계와 관계되는 것이다. 이 시기는 인간의 정체성 발달에

중요한 기본 토대를 제공한다.

- 체현기법 종류
- 몸 전체와 관련된 큰 움직임
- 서로 다른 신체 부위와 관련된 작은 움직임
- 촉감, 소리, 맛, 냄새, 시각과 관련된 감각적 움직임
- 몸의 여러 부위를 만지면서 이름을 말하는 노래게임
- 리드미컬한 움직임과 춤
- 칼싸움과 레슬링
- 괴물, 외계인, 쥐가 되어 움직여 보기
- 이야기를 소리와 움직임으로 표현하기 등

② 투사(Projection)

투사(projection)는 자아 밖의 다른 물체를 통해 내담자의 경험과 감정이 나타나는 단계이다. 대개 아이들에게서 1살 때까지는 장난감과 사물들, 자신의 몸에 대한 감각적인 체험들이 우세하게 나타나지만, 타인에 대한 인식은 자기 자신의 신체 일부의 연장선으로 경험하고 받아들이는 수준에 머물러 있다. 그러나 1살 말부터 아이들은 체현에서 투사로 전이하여 상징화의 특성이 발달하고 외부세계를 탐험하는 단계로 나아간다. 첫돌을 넘기면서 아기들은 외부 세계를 더 잘 알게 되고, 반응하는 영역도 시공간상으로 훨씬 확장되는 것이다. 즉 신체의 확장이 아닌 분리의 경험은 자신의 존재만이 세계였던 아이들에게 세계 속의 존재로 인식하게 만드는 계기가 된다. 외부 세계가 확장됨에 따라 아이들이 몸 밖에 있는 다른 사물들을 가지고 놀게 되면서, 투사(projection) 혹은 투사 놀이(projective play)가 나타나게 된다. 단순히 장난감을 감각적으로 체험하는 데서 '고양이 기분이 나쁘다', '어릿광대가 배고프다', '곰 인형과 토끼가 해변에 간다' 식의 좀 더 복잡한 시나리오로 나아간다. 투사적인 놀이에는 그림 그리기, 색칠하기, 그림으로 이야기 만들기, 찰흙 놀이, 조각 그림 맞추기 등이 있으며, 아이들은 투사 놀이를 하면서 다양한 매체를 사용해 자기 외부에 하나의 세계를 창조하게 된다.

연극치료에 있어 투사기법은 자신의 얘기를 직접적으로 하지 않고 간접

적인 방법을 사용함으로써 안전한 방식으로 자신을 표현할 수 있다는 데 그 의미가 있다. 이로써 내담자는 닫혀져 있는 마음을 열기에 용이하며, 본인이 직접 이야기를 만들고 그것을 통하여 자신의 얘기를 자연스럽게 이끌어내 행위화 해 봄으로써 내면의 억눌렸던 감정을 분출할 수 있게 된다. 투사는 문제를 살펴볼 수 있도록 일정한 거리를 창출하고 또 그것을 고쳐 새롭게 바꿀 수 있는 실험의 공간이 되는 것이다. 이러한 투사는 연극치료에서 극적 형식과 연결됨으로써 내담자가 내면의 갈등을 외적으로 재현하는 데 참여하고 창조하고 발견할 수 있도록 돕는다.

- 투사기법 종류
- 여러 재료를 가지고 노는 것: 모래, 물, 손가락 그림, 점토
- 그림그리기: 크레파스, 물감, 드로잉, 다양한 매체의 콜라주
- 블럭과 막대 가지고 놀기: 패턴, 구성, 무너뜨리기
- 장난감 가지고 놀기: 모래상자이야기, 조각상
- 장면놀이: 인형의 집, 손 인형(인형 만들기)
- 자연물 놀이: 조약돌, 나뭇잎, 나뭇가지, 나무껍질 등

③ **역할(Role)**

역할(role)은 투사 활동의 다음 단계로서, 직접 인물을 맡아 연기하는 극적 놀이(dramatic play)를 말한다. 매체를 통한 투사 놀이동안 아이는 다른 이의 목소리와 몸짓을 가져오는데, 그것이 역할 놀이로 변화하도록 발전된다. 아이는 여러 가지 대상과 매체를 빌어 이야기하는 데서 벗어나 직접 역할을 맡아 다양한 인물을 연기하면서 이야기를 극화하기 시작한다. 투사 놀이를 통해 허구 세계에 대한 경험과 창조의 기술을 익힌 아이가 극적 놀이 세계로 나가게 되는 것이다.

놀이에서 다른 사람의 역을 맡게 되면, 아이는 자신을 다른 사람과 동일시를 시작한다. 인형, 사물, 동물들을 통해 역할 놀이를 하거나 역할을 하면서 다른 사람과 장면을 연기하는 것들이 여기에 속한다. 이러한 동일시를 통해 아이는 자신의 정체성을 발전시키게 되는 것이다. 7세 무렵부터 아이들은 보다 넓은 의미의 극적 과정으로 나아가게 된다. 이 시기 아이들의 극적 활동은

신체적이고, 아이디어를 가지고 드라마를 구축하기에 이른다. 좀 더 자란 아이들은 보다 의미 있는 아이디어로 이야기를 끌고 나가는가 하면, 보다 분명한 역할과 사건, 해결이 이루어지기도 한다. 역할 연기는 한 개인으로서 자기 자신과 다른 사람을 연기함으로써 정체성이 뚜렷해지고 동시에 강화되기 때문이다. 또한 역할 바꾸기를 통해 다른 사람의 입장을 알게 됨으로써 감정이입 능력이 커지고, 행동의 결과를 자각하게 되면서 타자에 대한 이해의 폭을 넓힐 수 있게 된다. 연극은 '나' 아닌 '다른 존재'가 되어보는 것이기 때문에 무엇보다 타인에 대한 인식이 우선되는 작업이며, 따라서 다른 예술치료에 비해 사회성 발달에 특히 도움이 된다. 역할을 통해 연극치료는 사람들을 일상과 화해시키고, 주체인 내담자의 정신적 치유에 도움을 줄 뿐 아니라, 내담자가 자신을 초월하여 일상의 어려움과 한계를 넘어 보다 건강한 삶으로 나아갈 수 있도록 돕는다.

- 역할기법 종류
- 단순한 감정을 가진 단순한 역할: 화난 사람, 슬픈 사람, 여러 가지 표정 짓기
- 상호작용하는 동물 인물 만들기
- 좋아하는 이야기를 가지고 함께 여행하기
- 의상소품 상자를 가지고 극화된 이야기를 만들어 내기
- 가면을 사용하여 이야기 만들기
- 텔레비전 대본을 함께 써서 장면으로 만들기
- 투사 놀이에서 나온 아이디어를 발전시키기

## 2) EPR의 의미
- EPR은 특정 심리학 이론에 근거하지 않으며 어떤 심리적 모델이나 치료 혹은 교육에도 통합될 수 있다.
- EPR은 아동이 상상과 상징의 세계, 극적 놀이와 드라마의 세계로 들어갈 수 있는 바탕이 되는 극적발달 단계를 보여준다.
- EPR의 발달은 아동의 성숙에 필수적이다.
- EPR은 엄마와 유아 사이에 애착의 핵심을 창조한다.
- EPR은 총체성과 독립의 바탕을 형성한다.

- EPR은 '극화된 신체' 즉 창조할 수 있는 몸을 만들어 낸다.
- EPR은 상상력을 강화하고 계발한다.
- EPR은 일상현실에서 극적현실로 다시 일상현실로 적절하게 이동할 수 있게 한다.
- EPR은 역할 연기와 극적 놀이를 제공함으로써 유연성을 창조한다.
- EPR은 사회를 경험하고 그 일부가 되는 데 필요한 기술을 제공한다.
- EPR은 삶의 변화를 표시한다. 놀이와 드라마를 통해 한 단계에서 다음 단계로 나아가는 삶의 변화를 의식화한다.

# ◐ 참고문헌

강성우 (2014). 연극연출과 연극치료의 연계성 활용방안 연구. 부산교육대학교 교육대학
    원, 석사학위논문.

김경희 (2014). 연극치료가 장애아동의 자기표현능력 확장과 사회성 발달에 미치는 영향.
    동덕여자대학교 공연예술대학원, 석사학위논문.

김진숙 (1993). 「예술심리치료의 이론과 실제」. 중앙적성출판사.

김진영 (2010). 수 제닝스(Sue Jennings)와 로버트 랜디(Robert J. Landy)의 연극치료 이
    론 비교 연구. 한양대학원대학원, 석사학위논문.

박미리 (2009). 「발달장애와 연극치료」. 학지사.

이선형 · 정미예 (2010). 「(연극 · 영화로 떠나는) 가족치료」. 시그마프레스.

이효원 (2008). 「연극치료와 함께 걷다」. 울력.

정성호 (2006). 「20대의 정체성」. 살림.

지경주 (2006). 「연극치료 워크북」. 양서원.

최다솜 (2017). 자매 간 관계증진을 위한 연극치료 프로그램 적용연구. 동덕여자대학교
    문화예술치료대학 연극치료전공, 석사학위논문.

최윤주 (2013). 한국연극치료의 역사적 고찰과 실태. 동덕여자대학교 공연예술대학원, 석
    사학위논문.

최헌진 (2003). 「사이코드라마 이론과 실제」. 학지사.

홍유진 (1993). 「카타르시스」. 들불.

David Read Johnson 외 (2009). 「*Current approaches in drama therapy*. Springfield,
    IL: Charles C Thomas」. 김세준 외 역 (2011). 「현대드라마치료의 세계」. 시그마프
    레스.

Madeline 외. 이효원 역 (2009). 「연극치료 접근법의 실제」. 시그마프레스.

Phil Jones (1996). 「*Drama as Therapy*: Theatre as Living by Phil Jones」.

Robert J. Landy (1993). 「Persona and performance. New York: The Guilford Press」.
    이효원 역 (2010). 「페르소나와 퍼포먼스」. 학지사.

Robert J. Landy (1994). 「Drama therapy: Concepts, theories and practices」.

Robert J. Landy. 이효원 역 (2002). 「억압받는 사람들을 위한 연극치료」. 울력.

제5부

# 미술치료

# 미술치료(Art Therapy)의 이해

## 1. 미술치료의 정의

　　미술치료는 평면 및 입체의 조형 활동을 통해서 개인의 갈등을 조정하고, 자기표현과 승화작용을 통하여 자아성장을 촉진시킬 수 있는 심리치료의 한 분야이다. 궁극적으로 심신의 어려움을 겪고 있는 사람들을 대상으로 하여 미술작업을 통해 그들의 심리를 진단하고 치료하는 데 목적이 있다(김선현, 2009). 또한, 미술치료는 미술활동에 참여한 내담자가 그 과정을 통해 내면의 감정을 표현하고 해소하게 됨으로써 스스로 알아차린 그 내면의 문제에 도움을 주는 심리치료로(이근매, 2008), 생활문제의 해결태도와 자기관리능력 습득, 대인관계 향상 등에 도움이 된다. 이러한 미술치료는 자신이 표현하고 싶은 것들을 표현하는 미술작업 행위자체에 그 의미가 있다. 어떤 목적과 결과를 가지고 미술활동 행위를 하는 것이 아니라 미술활동을 통해 그 사람 나름대로의 카타르시스를 느끼며 승화하는 과정 자체를 진정한 의미의 미술치료라고 볼 수 있다.

　　미술치료는 미술과 치료의 연합으로, Ulman(1961)의 「Bulletin of Art Therapy」의 창간호에서 처음 시작되었다. 치료의 입장을 강조하는 Naumburg의 '미술심리치료'적 접근과 미술의 입장을 강조하는 Kramer의 '치료로서의 미술'적 접근을 통합하면서, 미술과 치료 양자가 공존해야만 미술치료가 성립 가능하다고 보았다(이수진, 김민, 2008). Kramer(1958)의 입장은 그림의 치료적 속성을 그림에 대한 내담자의 연상을 통하여 자기표현과 승화작용을 함으로써 자아가 성숙하는 데 있다고 보았다. 즉 미술작업을 통하여 내담자 자신의 파

괴적, 반사회적 에너지를 분출함으로써 그것을 감소시키거나 전환시킨다고 주
장하고 있다. 또한 내담자는 미술작업 과정에서 자신의 원시적 충동이나 환상
에 접근하면서 갈등을 재경험하고 자기훈련과 인내를 배우는 과정에서 그 갈
등을 해결하고 통합한다는 것이다.

미술치료의 영역은 상담, 심리치료, 생활지도, 재활치료 및 재활교육 등에
서 미술이라는 공통된 매체를 활용하여 갈등해소와 승화, 성장 등의 긍정적인
변화를 가져온다.

첫째, 미술활동의 창작 과정에 내재하는 치유력에 대한 믿음이다. 미술활
동은 상상력을 동원하여 진실되고 자발적으로 자기 자신을 표현하는 기회이
며 성취감으로 이끌어 가는 경험이다.

둘째, 미술은 상징적인 의사소통이다. 그림의 이미지는 직관력을 갖기 때
문에 내담자와 상담자 사이의 언어적 소통능력을 증진시키고 이에 따라 새로
운 시각과 이해를 촉진시킬 수 있다. 또한 문제의 갈등을 해소하고 긍정적인
변화와 성장 및 치료를 이끌 수 있도록 도와준다.


## 2. 미술치료의 특성

### 1) 심상

미술은 심상의 표현이다. 심상은 우리가 언어로 인식하기 전에 우리의 경
험을 이해하게 해 준다. 심리치료에서는 무의식 세계와 개인의 경험을 이해하
는 것이 필요하다. 깊은 심리 상태에서 나온 메시지이기 때문에 의식과 무의
식 사이에서 의사소통이 이루어질 수 있다. 그리고 심상을 구체적으로 볼 수
있게 해 주는 것이 미술 표현이다.

### 2) 승화

개인에 따라 다른 방법으로 분노, 적대감 등을 해소시킬 수 있는 승화의
기능을 가지고 있다. 이러한 미술의 특성이 심리치료의 요인이 될 수 있는 근
거가 된다. 미술치료에서의 승화는 정신분석이론의 영향을 받았는데, 인간은

자신의 감정에 의해 움직여지는 것도 아니며 자신의 본능적 욕구에 절대적으로 추종되지 않는다고 볼 수 있다. 항상 인간의 생존은 현실에 대한 끊임없는 평가와 적응에 의지하지 않을 수 없다. 그럼에도 불구하고 욕구는 인간의 주요한 에너지원이며 본능적 욕구의 만족은 인간의 근본적인 쾌락의 원천이다.

또한 승화는 창조적인 미술활동을 통해 심리적 성장을 가져올 때 일어난다. 승화가 효과적으로 이루어지기 위해 치료사는 내담자의 흥미가 집중되어 있는 대상의 변화, 지향하는 목표의 변화 그리고 그 목적을 이루고자 하는 활동의 몰입 정도가 변화되기를 기다려야 한다. 또 승화가 이루어지기 위해서는 자아를 고양시키는 활동을 해야 한다.

### 3) 창조성

미술활동은 인간의 창조적 표현이다. 인간의 내면에는 생존의 욕구와 삶의 의미를 창조하도록 되어 있다. 미술활동과 심리치료의 핵심인 창조성은 삶의 의미를 긍정적으로 바라보게 하고 치료에 있어서 중요한 요인이다.

미술치료에서는 표현의 매체가 예술이므로 창조성에 대해 주의를 기울일 필요가 있다. 내담자가 자신의 심상들을 표현할 수 있고, 내면의 잠재력을 발휘할 수 있도록 하는 것이 중요하다.

특히 창조성을 끌어내기 위해서는 내담자가 자유로움을 느낄 수 있도록 해야 한다. 내담자가 자신을 제대로 표현하기 어려웠기 때문에 자유로움을 느낄 수 있는 심리적(치료사가 제공하는 분위기), 물리적(표현을 위한 공간, 시간, 매체 등) 환경을 필요로 한다.

## 3. 미술치료의 장점

### 1) 미술은 심상의 표현이다

심상은 개인의 마음속에서 떠올리는 사상들에 대한 정신적 또는 내적인 표상을 의미하고, 개인이 특정 인물이나 대상 또는 현상에 대해 가지고 있는 인상을 밀한다(교육심리학용어사전, 2000).

사람들은 심상으로 생각한다고 볼 수 있다. 그 과정에서 과거 경험했던 기억들을 재현하기도 하고, 앞으로 다가올 미래에 대해 상상하면서 시간이나 공간에 구애받지 않고 생생하게 그려낼 수 있다. 삶의 초기 경험은 심상의 중요한 요소가 되고, 성격 형성에 중요한 역할을 한다. 미술치료에서는 꿈, 상상, 공상, 경험 등에 대하여 의미와 내용을 분석하고 무의식적인 것들을 표현하면서 의식화하는 작업들이 심상으로 나타난다.

## 2) 비언어적 의사소통이다

사람들은 다양한 방식으로 의사소통한다. 어떠한 의사소통 방법보다 언어화시키는 작업에 숙달되어 있다. 반면, 미술은 비언어적 수단이므로 통제를 적게 받아 내담자의 방어를 감소시킬 수 있는 장점이 있다. 내담자의 의도와는 완전히 다른 작품이 그림으로 표현되는 경우가 있는데 예상하지 않았던 인식은 스스로를 통찰하게 되거나 성장으로 유도되기도 한다.

〈사례: 중학교 2학년 여학생 모둠 활동〉

## 3) 자신의 감정과 사고를 구체화한다

미술은 구체적인 유형의 자료를 얻게 한다. 자신이 만든 작품을 눈으로 볼 수 있고 만져 볼 수 있는 자료가 내담자로부터 생산된다. 미술의 이런 측면은 많은 의미를 지닌다. 자신이 만든 어떤 유형의 대상화를 통해서 상담자와 내담자 사이에 하나의 다리가 놓인다. 저항적인 내담자들의 경우에는 내담자의 작품을 통해 접근할 수 있는 이점이 있다. 또한 내담자의 감정이나 사고 등이 그림이나 조소와 같은 하나의 사물로 구체화되기 때문에 자신이 만든 작품을 보고 개인의 실존을 깨닫게 된다. 때론, 단 한 번의 활동에서도 자신의 감정을 느끼기도 하지만 방어가 심한 경우 더 오랜 시간이 걸리기도 한다.

### 4) 공간성을 지닌다

언어는 1차원적인 의사소통 방식이다. 대체로 한 가지씩 순서대로 나아간다. 미술에서는 공간 속에서의 연관성들이 발생한다. 예를 들면 우리 가족에 대해 소개할 때도 먼저 아버지 어머니를 소개하면서 두 분의 관계를 이야기하고 형제들과 그들의 관계, 모든 가족 구성원과 나와의 관계를 말할 것이다. 분명한 것은 우리는 이 모든 것을 동시에 경험하고 있다. 미술의 공간성은 바로 경험을 복제한 것이다. 가깝고 먼 곳이나 결합과 분리, 유사점과 차이점, 감정, 특정한 속성, 가족의 생활환경 등을 표현하게 되므로 개인과 집단의 성격을 이해하기 수월하다.

### 5) 자료의 영속성이 있어 회상이 가능하다

미술 작품은 보관이 가능하기 때문에 내담자가 만든 작품을 필요한 시기에 재검토하여 치료 효과를 높일 수 있다. 그 과정에서 새로운 통찰이 일어나기도 하고, 이전에 만든 작품을 돌아보며 자신의 감정을 회상하기도 한다. 즉 그림이나 조소를 통해 주관적인 기억의 왜곡을 방지할 수 있고 내담자의 작품 변화를 통해 치료 과정을 한눈으로 이해할 수 있다.

〈동물가족화: 중학교 2학년 남학생/여학생〉

## 6) 창조성이 있으며 신체적 에너지를 유발시킨다

시작하기 전에는 개인의 신체적 에너지가 다소 떨어져 있을 수 있다. 미술작업을 실행, 토론, 감상, 정리하는 과정 안에서 대체로 활기찬 모습을 관찰할 수 있는데 그것은 단순히 신체적인 운동이기보다는 창조적 에너지가 발산되기 때문이다.

〈사례: 16살 발달장애 청소년〉

## 4. 미술치료의 기법

미술치료의 기법 두 가지
- 심리적 긴장감을 이완하는 치료기법
- 정서를 안정시키는 치료기법

첫 번째, 심리적 긴장감을 이완하는 치료기법

어릴 때부터 애정 욕구가 충족되지 않거나, 지나치게 엄격한 환경에서 자랐거나, 어떠한 이유로 인해 긴장감이 잦은 이들에게는 마음을 편안하게 해주면서 억압된 욕구 불만과 스트레스를 풀어 주는 이완 작업을 하는 게 바람직하다.

### 1) 난화

#### ① 난화의 정의

난화는 '긁적거리기'란 의미가 있다. 영어의 'scribble'은 갈겨쓰다, 휘갈기다. 낙서하다는 뜻이다. 난화기법은 보편적으로 어떤 형태나 틀이 규정되어있지 않고 자유롭게 그리는 것이다. 난화기법은 인간의 무의식을 작품으로 창작할 방법을 탐구했던 20세기 초현실주의 작업에서 유래되었다. 정신적 자동기술법이라고 불리는 회화와 자동화기법 같은 이 기법은 내담자의 무의식에 도달하여 미술을 통해서 무의식을 표현하도록 사용되었다. 난화기법은 아무렇게나 그린 상대의 선에서 무엇인가 찾아내는 미술치료기법 중의 하나이고, 낙서놀이이며 숨은그림찾기, 숨바꼭질, 수수께끼 놀이 등과 같은 놀이적인 요소를 갖는다.

#### ② 난화기법의 치료적 효과

난화기법은 치료사와 내담자 간의 신뢰감을 형성한다. 난화기법을 통해 표현되는 경우 의식적이고 인위적인 부분보다는 무의식적인 본능의 표출이 강하다는 점이 있다. 아동화는 아동의 이해에 중요한 의미로서 작용할 수 있다. 발달적 시기에서의 낙서나 낙화를 성인이 그리는 경우가 있는데 이것은 초조감을 느끼는 경우이거나 자기 혼자만의 자유로운 세계를 가지게 되었거나 남들이 자기를 보지 않는다는 심리적 안정감에서 표출되는 내적인 욕구나 갈등을 해소하는 하나의 방법이다. 히스테리 내담자나 갈등이 많은 사람 등이 난화를 하지 못할 가능성이 높다. Lowenfeld도 난화가 자유로운 행위에서 표현될 때는 비교적 내담자 자신의 직접적인 감정이 나타난 그림의 한 형태로서 표현하게 된다고 하였다.

심리적 관점에서 보면 프로이트의 대표적인 기법 중 하나인 자유연상이 있다. 자유연상은 마음속에 떠오르는 것을 언어화하거나, 그림으로 표현하는 방법이다. 자유연상은 무의식적 표현의 형태로 특히 꿈에 나타나는 이미지가 내담자의 삶에 어떻게 연결되는지에 대한 이해를 높이려고 하였다. 즉, 무의식적 이미지를 의식화시키려고 하였는데 이런 측면으로 볼 때 언어보다 앞선 시각적 이미지를 통해 의식화시키는 것은 중요하다.

융은 내담자의 이미지를 연구하기 위해서 적극적 상상(능동적 상상)기법을 사용하였는데 마음속에 무의식적으로 떠오르는 이미지의 흐름을 관찰하는 것을 포함하였다. 자유 연상이나 적극적 상상의 결과로 무의식적인 난화활동은 의식의 검열을 받지 않는 상징적 의사소통과 진실한 표현을 모두 촉진시킨다. 또 게슈탈트 이론 중 전경과 배경으로 설명하면 무수한 점, 선, 면은 모두 배경이 되고 자신이 시각적 이미지가 전경이 된다. 이때 전경은 자신의 의식적 검증을 받지 않은 상태에서 떠오르는 것으로 중간 지점(잠재 공간)이 될 수도 있다. 이때 현실세계에서 의미를 부여함으로써 무의식을 의식화시킬 수 있다.

③ 난화의 적용 방법
• 점 난화

도화지에 자유롭게 찍는 점(점을 찍는 리듬감, 점의 개수, 점의 위치, 색상을 선호해 찍는 점, 모여 있는 점, 분산된 점, 굵게 찍은 점, 도화지를 메운 점 등)을 통해 내담자의 선호도나 심리를 파악할 수 있다. 예를 들면 도화지를 전체적인 내적 인격으로 보았을 때 갈등이 많거나, 조화롭지 못하거나, 적응적인 부분에서 힘들 때 한쪽만을 고집할 가능성이 있다. 변형의 예로 가족화가 잘되지 않을 때 가족을 점으로 표현해 봄으로써 가족의 수, 거리를 통해 친밀감, 제외된 가족 등을 추측해 볼 수 있다.

• 선 난화

점들을 연결했을 때 직선으로만 하는 사람, 곡선으로 하는 사람, 한 선에서 모두 연결하는 사람, 여러 가지 선을 만드는 사람, 외부를 강조하는 사람, 내부를 강조하는 사람, 다양한 형태의 선들을 볼 수 있다. 이런 선을 그리는 형태를 통해 심리적인 부분을 추정해 볼 수 있다. 예를 들면 HTP검사에서는 필압과 선의 농담, 스트로크를 보면서 형태적인 분석을 추측한다. 즉, 필압은 크기와 마찬가지로 에너지 수준을 나타내며 일반적으로 개인의 필압은 변하지 않는다.

필압이 강한 아동은 자신감이 있으며 에너지 수준이 높고 자기주장이 적극적이며 야심가의 경향이 있고, 필압이 약한 아동은 지능이 낮거나 억제가 높은 아이의 경향이 있다. 전체적 필압이 약한 것은 에너지 수준이 낮고 억제가 강하고 자신감이 없는 틀에 박힌 사고의 경향이 있는 내담자로 파악할 수 있다. 필압의 강약의 변화가 적당히 있는 것은 융통성, 외부 환경에 적응을 잘하는 사람으로 볼 수 있다. 강약의 변화가 현저하게 부조화된 경우는 긴장감이 높거나, 심리적으로 불안한 경우나, 기분의 변화가 있는 정서 불안정 및 충동성이 의심되기도 한다.

• 면 난화

선을 통해 면으로 형태를 찾거나 색칠함으로써 면을 만들 수 있다. 이런 작업을 통해 만들어내는 형상들은 자신의 심리상태 즉 무의식적인 선의 연결을 통해 자신이 느끼고 있는 의식상의 사고를 발견할 수도 있고 형상의 의미가 부여될 때 자신의 갈등 요소들을 자각할 수도 있다.

## 감정과 그래픽의 특성

| 감정 | 그래픽의 특성 |
|---|---|
| 분노/화 | – 지그재그 뾰족한 형태<br>– 반복된 선들<br>– 전체적 인상: 톱니모양, 굵은 선 |
| 기쁨 | – 곡선, 원모양의 형태<br>– 반복된 원<br>– 전체적 인상: 둥근, 가는 선 |
| 고요/평온 | – 수평적 선<br>– 반복 없음<br>– 전체적 인상: 부드러운, 가는 선 |
| 우울/의기소침 | – 음영, 빗금 친 선들이 종이를 메움<br>– 구부러지고 아래로 내려오는 선들<br>– 가는 선 |
| 여성성/여성적 성향 | – 구부러진 선, 가는 선<br>– 십자형태<br>– 반복 없음<br>– 전체적 인상: 부드러운 |
| 병 | – 특정한 타입의 형태가 다른 것을 덮어씌움<br>– 반복 없음<br>– 전체적 인상: 부드러운 |

## 선의 상징적 의미와 심리적 특성

| 선 | 의미 |
|---|---|
| 대각선 | − 에너지가 넘치는 표현<br>− 상승 혹은 추락<br>− 패배 혹은 승리<br>− 역동성 |
| 수직선 | − 바로 서있는 것<br>− 조용함, 침착성<br>− 현세와 신성의 결합 |
| 수평선 | − 고요, 평안함, 현세적, 모성적 에너지, 현세와 신성의 결합 |
| 물결선 | − 상하의 운동성, 감각적 민감성 |
| 원/반원 | − 고용, 보호, 영원성, 완벽성, 초월, 자기체험, 운동성 |
| 강한 선 | − 창의적인 힘,<br>− 내면에 영향을 미치는 독창적 힘 |
| 가는 선 | − 의지박약, 자주 힘이 없음 |
| 엉켜있고<br>헝클어진 선 | − 절제되지 않은 강한 본능<br>− 격앙과 흥분을 나타냄<br>− 내면에 영향을 미치는 독창적 힘 |
| 격렬한 선 | − 난폭성 |

## 도형의 상징적 의미와 심리적 특성

| 도형 | 형태의 상징 |
|---|---|
| 삼각형 | － 역동성 및 균형을 이루는 능력(삼각형은 각이 있는 형태 중에서 가장 기본): 인간의 출생, 삶과 죽음, 청년기와 중년기와 노년기를 의미, 시간적으로는 과거/현재/미래를 연결<br>－ 역삼각형: 여성적, 수동적인 힘, 변화, 물, 무의식, 하늘의 은총, 잠재력, 음(陰)을 상징<br>－ 피라미드형: 남성적, 창의적인 힘, 행동력, 창의성, 양(陽)을 상징<br>－ 삼각형: 삶과 죽음, 재생을 다루며 새로움과 창의성의 분출을 나타내고 그에 따라 자의식을 나타냄 |
| 사각형 | － 편안하고 안정감을 느끼게 함: 사각형은 인간의 생활과 깊은 연관을 가진 형태, 대지를 상징하며 무거움과 단단함과 고요를 의미함. 삼각형과 달리 구체적이며 명백함을 나타내고 근원적이며 물질적임<br>－ 인간적<br>－ 부정적 의미(폐쇄적, 답답한 공간, 감옥과 같은 의미)<br>－ 그림에 사각형이 많이 나타나거나 사각형 테두리를 그려 넣으면 사고가 빈곤하며 상상력이 부족할 수 있음 |
| 나선형 | － 개방성과 역동성 및 깊이와 내적 집중: 나선형은 외향성, 내향성이 동시에 있는 형태. 인간과 자연, 나아가 우주 운행의 기본이며 창조의 근본적인 운동<br>－ 왼쪽으로 감아 돌아가는 나선형: 근원, 어머니 자궁, 죽음의 길로 다시 돌아가는 것을 의미<br>－ 오른쪽으로 감아 돌아가는 나선형: 삶에서의 발전, 미래와 전진을 의미<br>－ 내향성이 강한 사람: 중심에서 출발하여 외부로 향함<br>－ 외향성이 강한 사람: 밖에서 안쪽으로 향함<br>－ 오른쪽 시계방향의 나선형 운동을 통해 회전 때마다 집중력을 얻음 |
| 원 | － 완성과 영원성을 상징(시작과 끝, 시간과 공간성, 무형과 유형)<br>－ 신과 초월자, 어머니를 상징<br>－ 원은 신체에서 복부, 즉 단전을 의미<br>－ 미술치료에서 원은 우울증 성향의 사람에게 자주 적용할 수 있음 |

▲ 실습사례 1〉 혼란스러운 감정 그림: 우울증을 겪고 있는 내담자(31세)

　최근 자신의 직장에서 느끼는 혼란스러움에 대해 표현한 것이다. 전혀 예상하지 않았던 갑작스러운 해고통지를 받고 있는 상황에 놓여있다. 해고를 당한다는 현실이 화가 나지만, 이런 상황에서 자신이 할 수 있는 게 아무것도 없다는 것이 더 자괴감을 느끼고 아무것도 못 하고 있다고 하였다.

　"내가 혼란스러운 감정을 느낄 때 , 나는 원 안으로 걸어가고 있는 기분이 든다. 나는 지금 주변을 제대로 통과하지 못하고 그 자리에서 빙빙 맴돌기만 하는 사람처럼 느껴진다. 나는 나의 문제점을 찾을 수 없다. 어디로 가야 하는지 모르겠다. 막막하다."

▲ 실습사례 2> 혼란스러운 감정 그림: 성인 남성(56세)

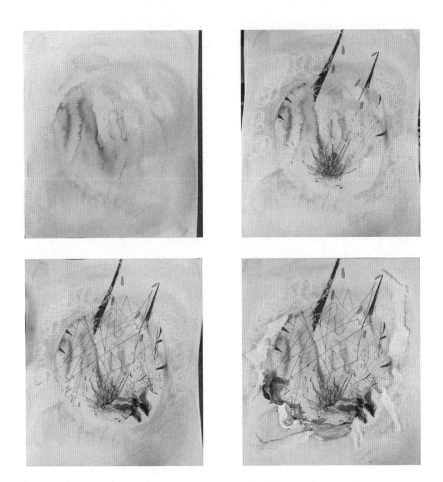

　　"감정에 대해서 한 번도 생각해 본 적이 없지만, 막상 혼란스러운 감정에 대해 생각해 보니, 너무 울컥해진다. 가장으로서 아이들만 생각하며 열심히 돈의 노예처럼 살아왔는데, 아이들은 생각처럼 커 주질 않고 자꾸 어긋난다. 내가 못한 게 없는 것 같은데, 자꾸 내 마음에 상처를 준다. 아이들만 보고 살다 보니 내가 없는 삶이 쓸쓸하기도 하다. 그림은 아이들로 인해 시작된 행복한 감정들에서 상처 줄 때마다 나오는 뾰족한 선들인 것 같다. 그래도 아이들을 향한 사랑도 담겨있는 듯하고, 얇은 선들은 내가 느끼는 여러 가지 감정들이 복합적으로 얽힌 것에 대한 표현이다."

　　혼란스러운 감정은 선의 굵기, 속도, 구불구불함, 선의 긴장 등을 통해 드러날 수 있으며, 내담자가 선택하는 색채를 통해서도 표현이 가능하다.

● 실습 1> 무의식적 난화

대상: 초등학생 이상
매체: 전지, 연필, 색연필, 크레파스 등 다양한 드로잉 재료
목표: 무의식 탐색, 자기 이해, 탐색, 성찰
활동 과정
1) 눈을 감아주세요.


2) 손이 움직이는 데로 낙서하듯 마음껏 그려보세요.


3) 손이 가는 대로, 느낌에 따라 끄적거린 선이 어느 정도 그려지면 눈을 뜨고
   그 선들을 바라보세요. 자신이 그린 난화에서 숨은그림찾기 하듯 보이는 형
   태를 찾아보는 거예요. 사물이나 사람 등 어떤 형태나 모양이어도 좋아요. 전
   지를 이리저리 돌려보세요. 더 추가해서 세부 묘사를 하거나 채색도 해 보세
   요.


TIP

     실습을 할 경우에는 치료사가 먼저 시범을 보여줄 수 있다. 큰 도화지나 전지를
주는 경우에 공간을 다 활용하지 않거나 작게 그리는 이도 있고, 자신의 감정을 억압하
거나 언제든 잘해야 한다는 강박관념이 있는 사람에게는 몸의 이완을 시켜주기 위해 음
악을 들려준다. 난화에서 찾는 이미지는 보통 자신의 관심사, 경험, 소망 등 자신과 연
관된 것을 보게 된다. 난화기법을 통해 시작하기 전과 할 때의 감정 등에 대해서도 이
야기할 수 있다. 자신의 바람이나 소망에 대해서도 나눌 수 있다.

● 실습 2〉 무의식적 난화

대상: 초등학생 이상
매체: 도화지, 마커, 오일파스텔
목표: 무의식 탐색, 자기 이해, 탐색, 성찰
활동 과정
1) 살아오면서 또는 지금 불편하다고 느껴지는 것들이나 감정에 대해 생각해 보세요.

2) 혼란스러움, 불편한 감정에 집중해서 표현해보세요.

3) 실습을 한 후 그린 그림을 바탕으로 서로 이야기를 나눠보세요.

## 2) 핑거페인팅

손가락에 물감을 찍어 그리는 미술기법으로 아이부터 성인까지 좋은 치료 방법이다. 미리 준비해둔 여러 개의 용기에 핑거페인팅용 물감을 조금 넣고 물을 부어서 물감을 녹이거나 수채화 물감을 용기에 짜 넣은 뒤에 물을 붓고 묽은 밀가루 풀을 함께 섞어준다.

한 가지 물감을 만들 수도 있고 여러 가지 색깔을 혼합한 물감을 만들 수도 있다. 이렇게 만든 물감을 손바닥에 묻힌 다음 종이 위에 찍거나, 바르거나 문지르는 등 자신이 하고 싶은 대로 행동한다. 경쾌한 음악을 들으면서 작업하면 더욱 리듬감 있게 그림을 완성할 수 있다. 특히 핑거페인팅은 느낌을 표현하는 수단으로 아주 좋다. 핑거페인팅을 처음 접하는 아이들은 손가락이나 옷이 더렵혀지는 것에 부담을 느끼기도 한다. 그러나 이런 점 때문에 속박된 아이를 자발적이고 자유롭게 해주며 감각적 경험을 통해 정서가 안정되어 거부나 저항을 감소시키고 심리적으로 이완되는 효과를 얻을 수 있다.

## 3) 데칼코마니

데칼코마니는 종이를 반으로 접은 다음 한쪽 면에 그림물감을 자유롭게 짜 넣고, 그 물감이 마르기 전에 종이의 다른 한쪽 면을 접어 눌렀다가 펴서 대칭적인 무늬를 만들어내는 미술기법이다. 처음부터 어떤 모양을 의도해도 좋고, 그냥 마음대로 물감을 짜서 찍어 내도 좋다. 어떤 식이든 종이를 펼쳐 보면 상상한 것 이상으로 신비롭고 아름다운 무늬가 나타난다. 데칼코마니는 의도하지 않은 결과를 우연히 얻게 함으로써 색에 흥미를 준다. 그리고 농도 가 진한 물감의 강렬한 색상과 끈적거리는 느낌은 시각과 감각을 자극한다. 데칼코마니를 응용하여 그림을 완성할 수도 있는데, 이처럼 다른 미술 활동으 로 이어질 수 있어 창조성을 계발하는 데 매우 효과적이다.

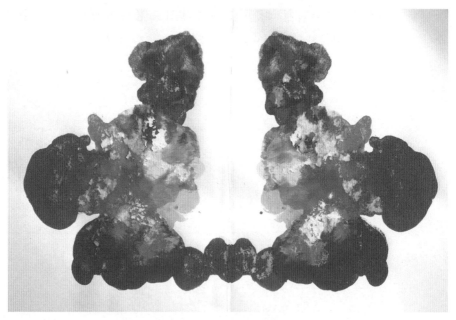

〈7세 사례 남자: 데칼코마니〉

두 번째, 정서를 안정시키는 치료기법

정서 안정을 위한 대표적인 미술치료기법은 점토 작업과 만다라 그리기이다. 점토는 자연을 접하기 어려운 현대인들에게 감각적인 자극을 주고 자신감을 키워주는 좋은 매체이며, 만다라 또한 집중력을 키워 주며 차분하게 만들어준다. 그 밖에도 물감 뿌리기, 신문 찢기, 종이죽 작업, 콜라주, 신체 그리기 등의 기법이 정서 안정에 도움이 된다.

## 1) 점토

점토는 부드럽고 촉촉하고 차진 촉감을 갖고 있어서 놀이하듯 만지고 주무르면서 심리적으로 억압된 감정을 쉽게 발산할 수 있도록 해준다. 또 자유자재로 만들어 낼 수 있으므로 창의성 계발에도 도움이 된다. 특별한 시술이 필요 없으며, 점토 재료를 반복하여 여러 번 사용할 수 있다는 것도 장점이다. 무언가를 완성해야지 하는 부담을 갖고 작업을 하기보다는, 단순히 점토를 가지고 논다는 느낌이 들도록 마음껏 주무르게 하는 것이 좋다. 점차 점토를 다루는 것이 익숙해지면 단순한 모양부터 내담자가 원하는 모양을 만들 수 있도록 격려해 준다.

- 점토기법의 효과
① 마음을 편하게 해준다.
점토를 마음껏 만지며 뭉치고 자르고 찌르는 활동을 하는 동안 마음속에 쌓여있는 적대감, 반감 등의 감정이 해소되고 긴장도 풀린다.

② 창의력이 생긴다.
점토를 사용하면 원하는 형태를 마음대로 만들 수 있다. 세상에 하나밖에 없는 작품을 자신의 손으로 탄생시킨다는 성취감을 느끼게 된다. 점차 점토에 익숙해지면 상상력이 더해진 작품을 만들어 내면서 창의력이 생긴다.

③ 머리가 좋아진다.
손으로 점토를 주무르다 보면 모든 감각이 자연스레 자극을 받는다. 특히 세밀한 부분을 만들기 위해서는 손가락을 보다 정교하게 사용해야 한다. 이

경우 소근육이 발달하면서 두뇌 활동이 원활해진다.

④ 자신감이 생긴다.

만들다가 실수했을 때 다른 재료는 처음부터 다시 만들어야 하지만 점토
는 잘못된 부분만 고칠 수 있다. 그래서 부담 없이 작품의 완성도를 높일 수
있다. 이러한 경험을 통해 커다란 만족감을 얻게 되고, 그 과정에서 느끼는 만
족감은 자신감이 된다.

〈중학교 2학년 집단 상담 프로그램: 나를 상징하는 것〉

## 2) 만다라

만다라(mandala)라고 하는 산스크리트 말은 원(circle) 또는 중심(center)이
라는 뜻이다. 오랜 세월 동안 여러 문화권에서 원은 온 우주(entire cosmos)를
상징하였고, 그 속의 점(dot) 하나는 모든 것의 정수(essence)또는 원천(source)
을 상징하였다.

만다라는 중심과 본질을 얻는 것, 마음속에 참됨을 갖추거나 본질을 원만
히 하는 것이라고 할 수 있다. 명상이나 만다라 그리기를 통해 심리적인 불안
에서 벗어나 정신을 집중하는 동시에 이완하면서 긴장을 완화시킬 수도 있다.
만다라는 전통적으로 개인의 정신을 집중하게 함으로써 자기 자신을 돌아보
고 내면의 질서를 세우며 조화롭게 하는 도구이다.

정신과 의사인 칼 구스타프 융(C. G. Jung)은 "만다라는 인간의 내적 세계
를 비추는 거울이다."라며 의식적으로 그렸으며, 내담자에게도 분석 과정에서

만다라를 그리도록 하였다. 만다라를 그리는 동안에는 우리의 내면이 표현된
다는 사실만으로도 내면의 긴장이 완화된다는 것은 부정할 수 없는 사실이다.

　　만다라 그리기에는 문양이 있는 만다라를 선택해서 색칠하는 것과 스스
로 만다라를 창작하는 것 두 가지 방법이 있다. 만다라 문양은 자신의 기분에
따라 변화를 유도할 수 있는 문양을 선택할 때 효과적이고, 가장 중요한 것은
만다라를 그릴 때 그 순간의 기분을 느끼고 나타낼 수 있는 것이 좋다. 예를
들면 피곤하고 긴장된 날에는 윤곽이 분명하고 무늬가 작은 문양을 택하고 기
분이 저조하고 슬플 때는 장미 무늬나 원의 형태가 많은 문양을 선택하기도
한다. 어느 정도 만다라의 문양과 친숙해 지면 자기 스스로 만다라를 제작하
여 그리게 한다.

　　만다라에 사용되는 매체로는 유성파스텔, 파스텔, 사인펜 혹은 그림물감,
진흙, 돌 페인트 연필, 꽃, 모래, 가죽 나무 혹은 헝겊 재료에 대한 가능성 등
무한하다. 만다라에서는 개인, 커플, 집단 공동 제작도 가능하다. 만다라 그림
을 그린 후 그림에 대해 옳거나 틀렸다는 평가를 하지 않는다.

〈자연만다라 실습 사례〉

### 3) 물감 뿌리기

물기를 머금은 물감을 종이에 떨어뜨린 뒤 입으로 그 물감을 이리저리 불어서 자유롭게 모양을 만들거나, 붓에 물감을 잔뜩 묻힌 다음 그린다. 또는 붓대신 손가락에 물감을 듬뿍 묻힌 뒤 튕겨서 뿌린다. 색이 번지는 효과를 보려면 이미 채색된 부분의 가장자리 쪽에 물을 묻혀서 퍼뜨리면 된다.

〈8세 사례 여자: 물감 뿌리기〉

### 4) 신문지 찢기와 종이죽 작업

많은 양의 신문지를 준비한 다음 한 장씩 들고 마음대로 찢도록 한다. 다양한 방법으로 신문지를 찢은 뒤에는 그 신문지 조각들을 날려 보게도 한다. 신문지 조각을 둥글게 뭉쳐서 던지기, 신문지 더미 위에 누워 보기, 덮어 써 보기 등 다양한 시도를 할 수 있다. 신문지 조각으로 할 수 있는 놀이 등을 해본 뒤에는 찢어진 신문지를 플라스틱 통에 넣고 물과 풀을 함께 섞어 종이죽을 만든다(이때 신문지를 잘게 찢어서 얼마 동안 담가 둔다). 이 종이죽을 나무판 위에 놓고 입체적인 형태로 만든다. 작품이 완성된 뒤 아크릴 물감으로 색을 칠해도 좋다.

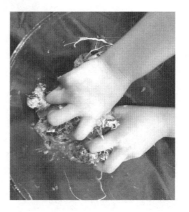

〈7세 사례: 신문지 찢기〉

## 5) 콜라주

불어의 'coller'(풀로 붙이다)에서 유래되었다. 1912년 입체주의에 의해 시도된 콜라주기법이 최초라고 볼 수 있으며, 이후로 다양한 변화를 갖게 되어 그 범위가 넓어졌다. 콜라주는 누구나 부담 없이 할 수 있고, 또 몰입하기 좋은 미술기법이다. 먼저 주제를 정한 뒤 구상하고 종이에 밑그림을 그린다. 그리고 사진과 그림 자료가 풍부한 잡지를 펼쳐 보면서 관심을 끄는 사진 또는 그림을 골라 밑그림 위에 붙인다. 색실이나 철사 풍선, 천이나 옷 조각, 각종 반짝이 등의 장식 재료를 적절히 활용하면 주어진 주제를 더 잘 표현할 수 있다.

〈고등학생 사례: 좋아하는 것, 싫어하는 것〉

## 6) 신체 그리기

전지를 준비한 다음 그 위에 누워서 자신의 전신상을 본뜨거나 신체의 일
부분이나 손과 발의 모양을 뜨기도 한다. 본뜬 신체 그림을 색칠하거나 마음
껏 장식해 본다. 수채화 물감을 이용하여 손바닥, 발바닥 찍기 놀이를 하거나
지문을 찍을 수 있다.

⟨성인 사례: 신체 본뜨기⟩

● 실습 3〉 매체 박스로 친해지기

대상: 모든 연령/특히 미술에 대한 경험이 적거나, 위축감이 많은 내담자
매체: 다양한 크기의 박스, 펑펑이, 점토종류, 철사, 깃털, 반짝이풀 등 다양한
　　　매체 (감각위주)
목표: 매체와 친해지기, 창의적인 작업 경험해보기
활동 과정
1) 다양한 매체가 담긴 매체 상자가 있는데 이 중에 마음에 드는 것을 찾아보세
　요.


　- 어떤 매체를 선택했나요? 선택한 이유를 적어보세요.


　- 다양한 매체 중에서 선택하고 싶지 않은 매체는 어떤 것인가요?


　- 각 매체들을 만지고 난 후 생각나는 것들은 어떤 것인가요? (느낌, 감정, 물
　　건, 사람 등)


　- 서로에게 주고 싶거나 잘 어울리는 매체는 무엇인가요? 그 이유는?


2) 마음에 드는 매체를 고른 뒤에는 생각나는 대로, 마음이 가는대로 자유롭게
　작업할 수 있어요.

# 콜라주(Collage)기법

## 1. 콜라주(Collage)

콜라주(collage)는 프랑스어 coller에서 유래되었으며 본래의 의미는 '풀칠하다', '바르다'의 의미가 있다. 하지만 회화에서는 화면의 리얼리티(실재성)를 추구하기 위하여 인쇄물, 잡지, 엽서, 신문, 천 조각, 모래, 나무 조각, 나뭇잎 등과 같은 실제의 물건을 화면에 붙여 현실에서 존재하는 느낌이 드는 회화의 한 가지 기법이다.

### 1) 콜라주(Collage)

콜라주는 20세기 미술 분야에서 가장 큰 발명의 하나로 볼 수 있는데, 미술 분야 뿐 아니라 사진, 건축, 컴퓨터 그래픽, 광고, 일러스트 디자인 등의 다양한 장르에서도 변화를 가져다주었다. 일상에서 흔히 볼 수 있는 것들을 작품에 접목함으로써 기존의 미술 개념을 근본적으로 변화시킨 점에 큰 의미를 둘 수 있다. 인쇄된 이미지 혹은 각종 오브제의 결합으로 만들어진 콜라주기법은 본래의 재료적 특성과 상이한 모습으로 표현되기도 한다.

콜라주는 원래의 모습을 완전히 감추고 마치 또 하나의 독립된 전혀 다른 표면처럼 보일 수도 있고, 세계에 대한 일상적이고 관습적인 감각과 언어를 참신하게 하여 그 진부한 현상 이면에 놓여 있는 복잡한 관계를 드러내기도 한다. 또 선택된 재료들의 특성에 주목하여 훨씬 조각적으로 보일 수 있다. 그런데 이러한 재료들이 조합해서 만들어 내는 이미지는 재료의 차이에도 불구하고 그 발상에 있어서 경계가 대단히 모호하여, 콜라주라는 용어가 '풀로 붙여진 그림'이라는 넓은 의미의 정의로 포괄될 수 있다.

입체파에서 시작한 콜라주기법은 시대가 변함으로써 여러 유파나 이즘이 발생할 때마다 그들의 적절한 표현수단이 되어 독창적이고 참신한 표현으로 발전시켜 나갔다. 이것은 회화의 재현을 위한 공간이 아니라 다른 대상의 표현을 위한 재료이며, 그 스스로가 작품이 될 수 있다는 것을 실현하였다.

### 2) 파피에 콜레(Papier colle)

파피에 콜레(papier colle)는 종이 같은 것을 찢어 붙이는 기법이다. 이 기법을 최초로 쓴 사람은 종합적 입체주의 시대의 '조르주 브라크(Georges Braque)'와 '파블로 피카소(Pablo Picasso)'이며 이들은 현실의 일부를 그림물감으로만 그리던 수법을 진일보시켜 1912년경 캔버스에 여러 가지 종이를 붙여 미적 효과를 자아내게 하는 기법을 고안해 냈다. 이 기법은 1913년 브라크가 아비뇽의 한 상점에서 본 나뭇결무늬의 벽지 조각을 정물화 속에 붙여서 최초로 사용하였고, 차표나 상표 등의 인쇄물, 판화 등이 사용되기도 하였다.

〈피카소의 파피에 콜레〉

이와 같은 기성의 물체를 붙이게 되면, 화필에 의한 재현묘사보다 한층 분명한 현실감이 생기게 되는데, 이를 위해서는 필연적으로 견고한 화면 구성이 요구된다. 손으로 그려진 부분에서 물체가 떠오르지 않도록 마무리 되어야

하기 때문이다.

### 3) 아상블라주(Assemblage)

아상블라주(assemblage)는 프랑스어로 '모으기, 집합, 조립'이라는 의미이다. 고대로부터 직물 조각을 자르고, 이어 붙이고, 나무를 짜 맞추는 건축물을 구성하는 것 등을 말한다. 폐품이나 일용품을 비롯하여 여러 물체를 한데 모아 미술작품을 제작하는 기법 및 그 작품을 뜻하기도 한다. 여러 가지 평범한 물건들, 즉 찢어진 종이, 조각, 사진, 나무, 메달, 조개, 돌, 인형과 같은 다양한 사물들을 결합 혹은 조합하여 하나의 조형을 이루는 표현형식을 뜻한다.

미술에서는 2차원, 3차원을 막론하고 기성제품을 수집하는 것을 의미하며 콜라주와 구별하기 위해 뒤뷔페가 사용하였다. 1961년 <아상블라주 미술전>(the Art of Assemblage, 윌리엄 시츠 William C. Seitz 기획, 뉴욕 현대미술관)으로 일반화되었다. 아상블라주는 집합과 병치, 구성과 절단, 조립 등과 같은 기교를 포함하여 회화나 조각의 영역에만 머무르는 것이 아니라 섬유예술을 포함한 미술의 거의 모든 분야에서 나타난 새로운 표현 형식이라고 할 수 있다.

〈루이스 네벨슨, 미국의 새벽, 1962〉

〈아상블라주, 뉴욕현대미술관, 1966~1969〉　　〈로버트 라우셴버그, 모노그램, 1955~1959〉

〈폴리 베커의 아상블라주 작품들, 일러스트 작가, 보스턴에서 활동〉

## 2. 콜라주의 특징

콜라주를 심리치료 특히 미술치료에 활용한 최초의 시도는 1972년 미국의 작업치료 저널에 실린 벅(Buck)과 프로밴처(Provancher)의 시도가 최초이다. 미리 준비한 잡지, 가위, 풀 등을 내담자들에게 나누어 주고, 마음에 드는 부분을 오리거나 찢어서 도화지에 붙이도록 했고, 30분 정도 시간을 주었다. 그들은 내담자의 자기 개념, 심리적 에너지, 정신 기능, 방어기제와 그 통제의 질 등 성격의 주요 측면과 병리적인 특징과 콜라주와의 관계를 연구하여, 콜라주의 내용이 때로 환자의 무의식적 갈등을 드러내고, 평가기법으로서 유용하다고 주장하였다.

콜라주 과정은 내담자에게 심리적 퇴행과 카타르시스를 경험하게 한다. 작품 그 자체가 내면을 표현하고, 붙여진 것의 상징적인 의미를 맛보게 하는 것이 치료와 연결된다. 내담자의 콜라주 작품은 상담자와 의사소통하는 것을 도와 신뢰감을 형성하는 역할도 한다.

과거 콜라주 미술치료의 대상이 대부분 병리적인 증상이 있는 내담자들이었다면 최근에는 자기 이해 및 자기 계발 등 자아성장에 도움을 준다는 연구와 함께 일반인들의 참여가 적극적으로 이루어지고 있다. 일본에서는 1990년대 초에 심리학 분야의 임상가와 연구자들에 의해 개발되어 모래놀이치료만큼 대중성을 얻고 있다.

우리나라에도 꾸준히 와서 콜라주에 대한 실제 사례를 접할 수 있는 기회를 갖고 있는 '스기우라'나 '와타나베 니시무라' 등은 콜라주의 표현 특징을 발달적 관점에서 유아부터 고령자까지를 대상으로 형식, 내용, 표현을 검토하여, 발달학적인 측면에서 콜라주의 특성과 공통점과 차이점을 연구하였다.

유아부터 노인까지 전 연령층을 대상으로 확산되고 있다. 특히 그림에 대한 부담을 갖는 내담자에게 편안하게 접근할 수 있는 기법으로 잡지책이나, 사진, 신문 등의 기사나 사건을 대화의 도구로 접근한다.

① 언어로 소통하기 어려운 갈등이나 문제점을 오리고, 찢고, 붙이면서 자유롭게 감정을 표출할 수 있다.

② 의식보다는 무의식의 자신과 대면할 수 있으며 그 과정 안에서 스스로 통찰을 가져올 수 있다.

③ 종이, 풀, 가위, 잡지 등이 있으면 장소에 구애받지 않고 어디서나 가능하다.

④ 내담자가 선호하는 잡지일 경우에는 내적 세계를 표출하기가 수월하다.

⑤ 그림 그리는 것에 저항이 있는 경우 접근이 용이하다.

⑥ 언제 어디서든 매체를 활용한 작품실시가 간단하고 연령층의 적용범위가 넓다.

⑦ 창의적 놀이로 접근할 수 있고, 다른 매체들과 병행이 가능하다.

⑧ 내담자와 상담자의 라포 형성이 되고, 친밀한 유대감이 생긴다.


## 3. 콜라주기법의 치료적 효과 및 특성

최근에 콜라주기법의 사진, 잡지 등에 대한 미술적 기법이 단지 미적 감상의 대상에 머물지 않고 미술기법을 활용한 상담 및 치료가 인간의 삶을 변화시키는 실천적인 힘으로 작용할 수 있다는 점에서 정신의학계와 재활치료 등이 미술계로부터 주목받고 있다.

### 1) 분산과 통합이 가능하게 된다

콜라주에 관하여 인간의 사고와 감정과 의지 또는 행동이라고 하는 것은 하나로 모으려는 통일적 방향이 있고, 콜라주에는 이 통일과 흩뜨린다고 하는 분산적 방향성의 두 방향이 있고 이 통일과 분산과의 통합이 가능하게 된다.

콜라주의 배열의 복잡성과 불규칙성, 선택과 분리의 과정은 그 자체가 하나의 자유연상에 해당될 것이다. 아마도 입체파나 초현실주의에서 콜라주가 특히 인기가 있었던 것도 이러한 콜라주의 무의식적 속성과 기존 질서와 의식에 반하는 심리적 힘을 예술가들이 암암리에 인식했기 때문일 것이다. 커다란 흰 종이는 내담자 앞에 놓인 하나의 우주이고, 여기에 자신의 이미지를 붙인다는 것은, 언어 즉 의식적인 작업보다는 훨씬 심층적인 자신을 드러내는 행위이기도 하다.

　　콜라주의 입장에서 보면 꿈이란 '일상'이라고 하는 그림으로 가득 찬 잡지를 여기저기 넘겨서, 변덕스럽게 잘라낸 이미지들을 콜라주적으로 조합한 즉흥적인 영상시 같은 것이다. 꿈의 공간도, 콜라주의 공간도 내적 공간과 외적 공간의 명확한 경계가 없이, 예상외로 이루어지는 시간적 과정이다. 차이점은 꿈에서는 의지의 작용이 적고, 콜라주는 의식적인 행위이자 능동적인 면이 있다는 것이다.

### 2) 안전한 방식으로 심리적 퇴행을 경험한다

　　이미 고정되어 있고 특정한 역할이 있던 사물이 콜라주에 의해 분해되고 재배치되는 경험을 하게 된다. 이는 아이가 마치 놀이를 통해 분리된 어머니를 회복하려고 노력하듯이, 콜라주 안에는 대상적인 속성과 분리와 결합을 반복하는 과정이 존재한다. 자르고, 찢고, 오리기를 하면서 쾌감을 느낄 수도 있고, 어느 곳에 무엇을 붙여도 허용이 되는 콜라주의 혼돈스런 자유는 성인이라고 할지라도 적절하게 심리적 퇴행을 경험하게 만든다. 흔히 콜라주 작업을 하는 내담자는 작업이 무척 즐거웠고, 콜라주 만들기에 열중했으며, 어린 시절로 되돌아간 것 같다는 느낌을 자주 표현한다. 이는 콜라주의 혼돈스런 자유로움이 내담자를 안전한 방식으로 심리적으로 퇴행시키기 때문이다.

### 3) 자신의 감정을 쉽게 표현하고 분출할 수 있다

　　콜라주는 사진이나 그림만을 활용하여 자신의 감정을 쉽게 표현할 수 있다. 여기에는 성이나 분노, 공격성 같은 공개적으로 언어화하여 논의되기 힘든 주제도 콜라주를 활용하면 적절하게 다룰 수 있게 된다. 특히 자신의 감정표현이 서툴거나 부부 간에 의사소통이 단절되어 있는 내담자나 커플의 경우, 콜라주를 활용하여 자신의 감정을 표현하고 대인관계 혹은 부분관계에서의 욕구 불만과 말하지 못하는 더 깊은 내면을 자유로이 분출할 수 있게 된다.

### 4) 평가로서의 기능이 있다

　　첫째, 심리 상담에서 활용이 용이하다. 세션 중에라도 내담자의 이해를 돕거나 다양한 치료방향을 결정하기 위해서 콜라주를 실시할 수 있다. 또한 치료 방향 등을 결정하는 역할 이외에도 셀프 임파워링(self-empowering)을 통해서 자기 계발적인 방향으로 인도할 수 있다. 둘째, 정신과 영역에서 퇴원을 위해 환자의 상태를 파악하기 위해 사용되기도 한다. 셋째, 비행과 관련하여 감별 조서 및 가정 재판 조서를 작성하기 위해서도 이용되기도 한다.

스기우라는 이외에도 아름다움에 대한 만족, 언어 상담의 보조적 요소, 진단 도구, 신뢰감－상호작용 및 의사소통의 매개 등의 요소가 콜라주의 치료적 요인이라고 주장하였다.

## 4. 콜라주의 적용 방법

### 1) 미술에서의 콜라주 방법

• 구상 → 밑그림 → 작업 → 정리 → 건조
• 시간: 50분 정도
• 회기별로 제작해 나가면서 치료

### 2) 집단 콜라주 방법

• 5명에서 8명의 그룹으로 나누기
• 집단원들이 논의를 통해서 주제를 결정
• 만드는 방법에 대해 서로 상의하고 작품 만들기
• 완성되면 만드는 과정에서 느낀 것을 함께 나누기
• 대표를 정해서 모든 과정에 대해 발표하기

### 3) 포토몽타주 콜라주 방법

• 표현할 많은 사진 재료의 준비
• 주제에 맞는 사진이나 이미지 선택하기
• 선택한 사진을 찢거나 오리거나 풀로 붙이기

# 5. 콜라주 방법의 두 가지 유형

## 1) 잡지, 그림 콜라주법

- 상담자 – 여러 권의 잡지 준비
- 내담자 – 잡지를 보면서 이미지 찾기
- 동시 제작법, 가족 콜라주, 합동법
- 종이 크기 – 8절지, 4절지

## 2) 콜라주 박스법

- 상담자 – 미리 여러 가지 그림을 잘라 둔 상자 준비
- 내담자 – 잘라낸 조각을 골라 이미지 구성
- 종이 크기 – A4용지, B4용지

# 6. 콜라주 작품의 해석

## 1) 콜라주 작품의 접근방식

먼저 내담자의 콜라주 작품을 접근할 때 무엇이 어떻게 어디에 붙어 있는지를 먼저 고려한다. 무엇을 붙였는가는 내용분석으로 내담자가 투영한 요소를 상징적으로 해석이 가능하다. 어떻게 붙였는가는 형식 분석으로 내담자가 콜라주의 재료를 자르는 방식, 붙이는 방식 등의 표현적 요소를 관찰한다. 마지막으로 어디에 붙였는가는 형식·내용분석으로 좌, 우, 상, 하 같은 공간배치에 대한 상징적 해석과 더불어 구성적 요소를 확인할 수 있다.

## 2) 콜라주 작품의 해석

작품에 대해 피드백이나 해석을 할 경우 주의해야할 점이 있다. 내담자가 자신의 작품에 대해 이야기할 때 잘 경청하는 것이 좋다. 이때 심리치료의 영역에서는 과도한 해석이나 분석을 하지 않는 것이 좋고 내담자의 이야기 속에서 타이밍을 잡아서 지지해 주면 된다. 내담자의 심리적 흐름 속에서 자신의

작품에 대해 이야기(해석)할 수 있도록 하는 것이 치료적으로도 더 의미가 있다.

## 3) 계열적인 이해방식

연속적인 작품들을 분석하는 방식으로 작품의 영속성 중시, 한 장의 작품만을 무리하게 해석하지 않는다. 계속적으로 작성한 경우에는 그 흐름을 봐나감으로써 내담자의 심리적 변화를 파악할 수 있다. 작품의 통합성, 주제, 공간표상, 상징적 해석을 중심으로 살펴보아야한다.

### ① 통합성

움직임이 느껴지는지, 조용한지, 따뜻한 느낌인지, 외로운 느낌인지와 같은 첫인상을 본다. 이는 전체로부터 받아들이는 느낌을 보는 것인데, 단순한 첫인상 뿐만 아니라 공간 사용력을 통해 지면을 균형 있게 전체를 사용했는지 일정 부분만 사용했는지 등도 확인한다. 여기서 통합성이 있다는 것은 분리, 빈곤, 기계적, 고정적인 요소가 적은 것을 말한다. 어린 아이들은 한정된 공간을 사용하기도 하는데 이것은 발달적 측면에서 해석적 요소로 고려할 필요는 없지만, 이후에도 계속 같은 패턴을 보인다면 다른 문제들을 고려해 볼 수 있을 것이다.

### ② 주제

작품을 시작하면서 어떤 주제를 가지고 시작할 수도 있고 제목 없이 마음이 가는대로 시작하고 나중에 제목을 부여하는 경우도 있다. 어느 것이든 관계없으나 제목을 잘 못 붙이는 내담자라면 그것에 대해 탐색해 볼 수도 있다. 연작을 할 경우에는 자기상의 변화에 따라 투영하는 요소들이 달라지는 것을 볼 수 있는데 그런 경우 내담자와 함께 탐색해 볼 수 있다.

### ③ 공간표상

콜라주에서는 내담자가 고른 사진과 더불어 공간에 대한 사용도 해석적 요소에 포함된다. 공간에 대한 도식은 분석심리학적 접근인지 정신분석적 접근인지 또 그 밖의 다른 이론들에 의해서 규정되는 것인지에 따라 다르기 때문에 항상 일치하지는 않는다. 그러나 해석 과정에서 내담자가 작품에서 신경 쓰이는 부분이 있다면 그것이 바로 key일 수도 있다.

④ **상징적 해석**

내담자가 콜라주에 사용한 각각의 사진은 상징적인 의미를 가지고 있다. 붙인 그림의 의미를 생각하는 것으로서 융 심리학의 상징 해석을 많이 응용한다. 사진에 대한 의미는 작품을 구성한 내담자가 가장 잘 알고 있기도 하고 또는 무의식적으로 선택한 사진에 대해서 전혀 알아차리지 못하고 '단지 예뻐서' 내지는 '그냥' 선택한 경우도 있다. 자신과 관계성이 깊을수록 의미를 잘 알아차릴 수도 있지만 그렇지 않은 경우가 대부분이다.

## 7. 콜라주기법: 내담자 자기탐색 사례

● 실습 1〉 콜라주 예 1~3 내담자 자기탐색 사례

〈콜라주 예 1) 카오스 — 정리 못한 양면성〉

〈콜라주 예 2) 빛과 그림자 그리고…〉

〈콜라주 예 3) 그렇군요〉

1. 카오스 - 정리 못 한 양면성    2. 빛과 그림자 그리고…

같은 날 주제 없이 '좋아하는 것', '끌리는 것'으로 콜라주를 작업한 것이다. 아무 생각 없이 잡지를 뒤지고 눈에 띄는 이미지를 골랐다. 나는 사람이 많이 등장한 것에 좀 놀랐다고 했는데 과거 몇 번의 콜라주를 해보았지만, 그 전작에는 사람들이 거의 없다시피 했기 때문이었다. 우연히 잡지를 넘기면서 내 무의식에 말을 걸어온 사진은 면사포를 쓴 무지개페인팅을 한 사람이었다. 이 '우연한 조우'의 시작은 시간이 6개월 정도 흐른 어느 날 작업한 마지막 콜라주로 다시 돌아온 듯한 느낌을 강하게 받았다.

1, 2번의 콜라주 작업을 하고 나는 이런 생각이 들었다.

'아~~ 이건 뭐지? 나는 어떻게 해야 하는 거지?'

이것들이 의미하는 것은 잘 몰랐으나 뭔가 어둡고, 탁하고, 축축한 느낌이 들었기 때문인 것 같다. 하지만 한편으로는 이것들을 밖으로 꺼내게 된 그날의 자신 스스로가 대견하다고 느꼈다. 이후 콜라주 연작은 내 방 벽에서 '나'와 대치하며 어느 날은 서로를 위로하고, 어느 날은 서로를 미워하며 그렇게 계속 '바라봄' 상태를 유지하고 있었다. 모르면 모르는 대로 그냥 바라보고 버티었다.

그러다 한 6개월 뒤 다시 콜라주를 하게 되었다. 그때 역시 자유주제였다.

3. 그렇군요

난 거침없이 잡지를 뒤지기 시작했다. 이미 뭔가 나는 알고 있다는 느낌이 들었다.

하지만 언어로 정확히 표현하는 것은 불가능했다. 나는 콜라주에 사용되는 조각들은 모두 다 이유와 의미가 있다고 들었다. 나는 단지 하단에 빨간색을 표현하기 위해서 숫자 2는 보지 못하고 빨강색이 그만큼 필요했기 때문이라고 생각했는데 나에게 무엇인가 의미가 있는 숫자라는 생각도 들었다.

결국 시작이자 마지막으로 귀결되는 맨 왼쪽의 사내아이와 아빠의 사진을 보며 그게 내가 바로 원했던 것이라는 것을 깨달았다. 내가 사랑받고, 존재를 위협받지 않으려면 꼭 필요했던 것… 갑자기 내가 안타깝고 불쌍하게 느껴졌다. 아주 깊은 감정이었다. 진심으로 나를 이런 식으로 느껴본 적은 없었다. 이것은 내가 나의 어린 존재에게 보내는 깊은 공감이자 위로였다.

◐ 참고문헌

김선현 (2006). 「마음을 읽는 미술치료」. 넥서스.

미국정신분석학회 (2002). 「정신분석용어사전」. 한국심리치료연구소.

미국정신의학회 (2015). 「정신질환의 진단 및 통계 편람」. 학지사.

미술치료연수회자료집 (2008).

수잔 마킨 (2009). 「미술치료 활동기법」. 시그마프레스.

왕금미 (2017). 중도입국 청소년의 콜라주 미술치료 사례 연구. 인하대학교 대학원 박사
    학위논문.

박윤미 · 박신자 (2011). 「최신 미술치료 핸드북」. 이담북스.

유영모 (2018). DSM-5 시스템을 이용한 디즈니 애니메이션 속 악당캐릭터의 성격장애
    유형 분석. 홍익대학교 영상대학원, 석사학위논문.

이근매 · 아오키 도모코 (2010). 「콜라주 미술치료」. 학지사.

이근매 · 정광조 (2005). 「미술치료 개론」. 학지사.

이무석 (2006). 「정신분석에로의 초대」(개정판). 이유.

이수진 (2013). 자크 라캉(Jacques Lacan)의 이론에 기초한 정신분석적 미술치료 연구.
    순천향대학교 대학원, 박사학위논문.

전영선 (2014). 현대미술이 갖는 치유적 특성에 관한 연구. 고려대학교 교육대학원.

정여주 (2003). 「미술치료의 이해: 이론과 실제」. 학지사.

제럴드 코리. 조현춘 외 역 (2010). 「심리상담과 치료의 이론과 실제」. 시그마프레스.

주디트 루빈 · 주리애 역 (1987). 「이구동성 미술치료」. 학지사.

최외선 외 (2006). 「미술치료기법」. 학지사.

한국교육심리학회(편) (2000). 「교육심리학 용어사전」. 학지사

한국미술심리치료협회 (2007). 「그림으로 마음읽기」. 하나출판.

제6부

# 표현예술치료

제1장

# 무용동작치료

## 1. 무용동작치료의 정의

우리의 신체 동작은 인간 개개인의 내적 상태를 언어적으로만 표현하기 어려운 개인의 감정과 정서를 신체를 사용해서 자유롭고 즉흥적인 동작 또는 움직임을 통해 표현함으로써 신체와 정신을 통합시키는 것을 목적으로 하는 심리치료의 한 분야이다. 즉, 자유로운 움직임을 통해 인간의 감정을 완화 시키거나 자극을 줌으로써 자기발달과 자기표현, 내적갈등 등을 승화시키고 잠재능력을 무한히 일깨워줌으로써 정신적, 신체적 건강을 유지 또는 증진 시키는 심리치료적 가치를 지닌다.

무용동작치료는 무용의 표현적이고 창의적인 개념들을 정신치료의 통찰력과 결합시킨다. 이것은 우리의 일상적인 자각과 내부에 존재하는 무의식적인 정신 과정들을 이해하기 위해서 들숨과 날숨을 통한 호흡, 몸을 움직이는 걸음걸이와 같은 신체에서 일어나는 모든 움직임이고, 이것이 곧 동작이고 춤이라고 할 수 있다.

미국 무용치료협회(A.D.T.A: American Dance Therapy Association)의 정의에 따르면, "무용치료(Dance Therapy)는 개인의 감정적, 인지적, 사회적, 신체적 통합을 촉진하는 과정에서 움직임 동작을 심리치료적으로 사용하는 것"을 말한다.

음악, 미술, 드라마 등과 함께하는 예술치료의 한 분야로 무용동작치료는 춤, 표현적 움직임, 무의식적 움직임, 즉 신체 동작을 심리치료적으로 사용하여 개인의 감정, 정신, 신체를 통합시키는 것을 목적으로 한다.

A.D.T.A에 의한 최초의 정의는 "Dance Therapy is the planned use of any aspect of dance to aid in the physical and psychic integration of the individual."로서 육체적, 정신적 통합을 돕기 위한 무용의 체계적 사용을 뜻하고 있다. 전문 무용수들에 의해 무용이 심리치료 접근으로 적용된 초기에는 무용치료(Dance Therapy)로 불렀다. 그러나 그 이후, "Dance/Movement Therapy is the psychotherapeutic use of movement as a Process which furthers the emotional, cognitive, social and physical integration of the individual." 정서적, 인지적, 사회적, 신체적 통합을 위한 움직임의 심리치료적 사용이라 정의되었다. 다른 예술매체에서와 달리 무용치료는 용어의 변화가 여러 번 있었음을 살펴볼 수 있다. 무용치료는 'Dance Therapy', 'Dance Movement Therapy, Movement Psychotherapy, Psychoanalytic Movement Therapy, Jungian Dance Therapy, Psychomotor Therapy 등과 같이 불리기도 한다. 무용이란 단어와 개념을 둘러싸고 있는 고정관념 및 제한점에 얽매이지 말고 보다 확장된 개념의 신체동작치료의 효과들로 광범위하게 바라볼 필요성이 있다.


## 2. 무용치료의 발달 배경

춤은 인류가 시작되면서부터 제례의식이나 종교와 함께 이어져 내려오고 있다. 원시시대는 그들의 근본 목적을 달성하기 위하여 주술적으로 사용되었다. 이들은 언어로 표현될 수 없는 고난과 고통, 공포, 경외, 숭배들을 춤으로 표현하며 집단적으로 공유했다. 원시사회에서는 신들의 노여움을 달래거나 그들을 경배하기 위해서 고안된 의식들 내에서 춤의 역할을 부각시키고 있다. 이처럼 춤이 카타르시스를 일으키며 치료의 수단으로 사용된 것은 춤의 역사만큼이나 오래되었다.

미국의 한 무용치료사(dance therapist)는 "춤은 개인이 자기를 표현하고, 자신의 감정을 타인에게 전달하며, 자연과 교감하는 수단이 되었으며, 무용의식은 개인과 사회의 통합뿐만 아니라 개인적 통합을 촉진하는 역할을 하였다."라고 하였다.

1920~1940년대에 정신분석학자들이 언어를 통해 억압되어있던 무의식의 감정들을 표현하고 시도하였을 때, 무용수들은 신체 동작을 무의식의 표현 수단으로 사용하기 시작하였다. 이러한 시대적 환경을 배경으로 1940년대 무용치료가 시작되었다. 이 시기의 무용치료는 다른 예술치료처럼 주로 병원에 입원한 정신분열증 환자를 대상으로 병동 안에서 이루어졌다. 특히 제2차 세계대전 이후, 시대적 요청으로 인해 비언어적인 의사소통 수단인 움직임과 춤을 심리치료에 적용하여 효과를 보게 되었다. 치료사들은 정신분석학자들의 이론을 가지고 내담자들과 신체활동을 통해 신체의 관계를 개선하고 변화하였으며, 나아가 내담자들의 대인관계를 증진시켜 주는 단계로 발전시켜 나갔다.

최초의 무용치료(Dance Therapy)는 1942년 '마리안 체이스'가 워싱턴에 있는 엘리자베스 병원의 환자들과 함께 시작하였으며 1966년에는 미국 무용치료협회 초대 회장직을 맡기도 했다.


## 3. 무용치료의 특징

인간의 기본지식은 신체의 움직임을 통해서 얻어지며, 그 움직임을 통하여 자신을 둘러싸고 있는 환경과 주변 사람들을 먼저 경험하게 되는데 무용동작치료는 언어적인 도구만으로는 표현하지 못하는 개인의 감정과 정서를 신체를 사용하여 자유롭고 즉흥적인 동작 또는 움직임을 통해 표현함으로써 신체와 정신을 통합시키는 것을 목적으로 한다. 즉, 무용동작치료는 자유로운 움직임을 통해 인간의 감정을 완화시키거나 자극을 줌으로써 자기표현, 내적 갈등을 해소시키고 자기발달과 잠재능력을 개발시켜줌으로써 정신적, 신체적 건강을 유지 또는 증진시키는 심리치료적 가치를 가진다.

① 내담자에게 동작을 통한 감정의 경험이 심리적, 신체적으로 재결합할수 있도록 도와준다. 즉, 무용동작치료는 자유로운 움직임을 통해 표현하면서 느끼게 되는 감정이 어떤 기억이나 억압된 상처와 연관되어 있는지를 이해할 수 있도록 해준다.
② 자기표현, 내적 갈등을 해소시키고 잠재 능력을 일깨워준다. 개인이 경험하는

감정은 주로 대인관계를 통해서 일어난다. 이러한 대인관계에서 가장 어려운 것이 언어 아래 놓여 있는 마음이라고 할 수 있다. 자유로운 움직임을 통해 인간의 감정을 완화시키거나 자극을 줌으로써 자기표현, 내적갈등을 해소시키고 자기발달과 잠재능력을 일깨워준다.

③ 개인과 집단에 존재하는 무의식적인 감정에 접근하기 위해 창의적인 동작을 도입한다. 창의적인 동작은 자기의 습관이나 패턴에서 나오는 것이 아닌 새로운 동작이며, 이러한 동작은 이제까지 경험해 보지 못했던 감정을 새롭게 경험하게 한다.

④ 자신의 현재 모습을 있는 그대로 받아들이고 수용할 수 있게 한다.

## 4. 무용동작치료의 임상적 효과

무용/동작치료의 임상적 효과는 다음 3가지로 요약할 수 있다.

첫째, 심리적 정화를 통한 정서적, 감정적 안정으로서 신체의 표현적인 움직임을 통해 무의식속에 깊게 자리 잡고 있는 정서, 감정을 억압하는 갈등을 찾아 심리적 정화를 시키며, 정서적·감정적인 안정을 되찾음으로써 문제의 원인을 찾아내어 해결할 수 있다.

둘째, 심리적 억압과 갈등 표출을 통한 신체의 운동성 회복으로서 긴장된 근육을 이완시켜 신체 운동성을 회복시킨다. 심리적 갈등상태로 인한 신체긴장은 인간의 정서를 더욱 억압하며, 지속적 신체의 근육긴장상태는 갈등을 더욱 고조시켜 그로 인한 신체의 왜곡된 상을 가져오고 신체의 기능을 저하시킨다. 무용/동작치료는 창조적이고 자연스러운 움직임을 기본으로 단순히 신체를 이완시키는 효과뿐 아니라 신체를 긴장시키는 심리적인 억압과 갈등을 표출하고 해결하도록 돕는다.

셋째, 무용동작치료를 통해 대인관계 속에서 자신의 문제를 탐색하고, 움직임으로 표현해내는 과정 속에서 심리와 신체를 상호 인식하게 되어 심리적으로 신체적으로 통합의 만족감을 얻게 된다. 따라서 무용치료는 신체적, 정신적, 정서적, 사회적 회복과 통합에 효과적이다.

표현예술치료

## 1. Life - Art Process

　삶과 예술은 근본적으로 하나로 연결(connection)되어 있다. 그렇기 때문에 예술과 삶이 동떨어져 있는 것이 아니라 자연스럽게 연결이 되었을 때 변화될 수 있고, 그 과정이 치유이다. 우리에게 예술이란, 기술적으로 동작을 그대로 취하거나 형태에 중점을 두지 않기에 아름다움을 표현하는 방식이 아니라, 삶의 다양한 경험들 속에 'Here and Now'라고 할 수 있다. 몸은 삶의 다양한 경험들을 담아내는 그릇이고, 동작은 그릇에 담아내는 음식이자, 곧 언어이다.

　동작(움직임), 그리고 예술은 자기 자신과 타인, 그리고 세상과의 관계를 적극적이면서 창조적인 관계로 통합하게 한다. 이때 동작(movement)과 표현예술(expressive arts)은 사람의 마음을 움직이고, 세상을 치유하는 데에 핵심적인 역할을 한다고 볼 수 있다. 이러한 역할을 한 사람은 A. Halprin(안나 할프린)이다.

　3세부터 춤을 추기 시작해 고전발레부터 현대무용까지 당대 무용계를 평정했던 정상의 자리에서 안나 할프린(Anna Halprin)은 스스로 무대를 떠났다. 그녀는 '형태로부터의 자유'를 추구하고자 돌연 뉴욕무용계를 등졌다. 1972년에는 뜻밖의 위기가 찾아왔다. 대장암 판정을 받는 위기에 봉착하게 된다. 그녀는 수술 후 재발한 암 덩어리와 싸우던 중, 개인

치유의식 공연을 거치며 완화를 경험하게 된다. 90세를 넘긴 안나 할프린은 여전히 춤을 추며 사람들의 몸과 마음을 치유하고 있을 정도로 건강하다. 그녀는 "목숨을 위협하는 질병을 가진 사람들에게 춤을 권하는데, 이는 개인적인 경험 때문이다. 나도 암에 걸렸었고, 죽을 줄 알았지만 치유의 방법으로 춤을 시도했고, 효과가 있었다."고 말한다. 안나 할프린은 플래니터리 댄스(the planetary dance)라는 집단치유의식을 개발했다. 1981년, 안나의 댄스 스튜디오가 있는 타말파 지역 산에서 7명의 여성이 피살되는 사건이 일어났고, "땅을 둘러싸기(circle the earth)"라는 공동체 치유의식을 한 후 그 범인이 잡혔던 것이 근원이었다.

1950년대 후반, 무용계의 선구자였던 A. Halprin(안나 할프린)은 무용의 정의를 과감하게 바꾸는 작업을 시도했다. 할프린은 훌륭한 형식이 주는 정렬된 미학을 거부하고 현대무용이 가지고 있던 한계성, 즉 구조적인 면에서의 형식성, 각 장르 간의 폐쇄성, 종합적이고 의도적인 작품구성, 전통적인 극장 개념 등을 거부하면서 새로운 스타일과 방법들을 다양하게 시도하였다. 그녀는 안무를 철저하게 단순화시키기 위해서 자연스러운 동작을 사용하기도 하고, 반면에 복잡한 동작을 사용하여 무용가의 신체 역동성을 강조하기도 하였으며 일상적 행위에서 연상되는 비기교적 동작을 구체적으로 나타내는 등의 여러 시도들을 통해 도식화된 동작 패턴들을 거부하였다. 이렇게 비 인습적인 동작을 무용적 수단의 전면에 내놓는 것은 기존의 현대무용, 더 나아가서 고전적 형태의 무용 규범 전체를 해체하는 행위였다. 이는 동작이 가지는 의미에 대한 연구에 불을 붙였고, 기존의 이분법적 사고로 인해서 정신적 수준에 비해 하위 계급에 속했던 신체에 대한 새로운 인식이 필요하다는 공감대를 형성하는 데 큰 도움을 주었다. 즉 인간의 신체 동작이 단순히 손이 올라가고 내려지며 걷고 뛰는 등의 무의미한 개념의 행위라는 인식이 아니라 모든 인간의 동작과 스타일은 개개인의 삶의 역사와 그 내면의 표현이라는 인식을 같이하게 된 것이다(김진희, 2010). 그녀는 무대예술로서의 무용의 고정관념을 깨고, 무용을 치유예술이라는 보편적인 맥락속으로 가지고 왔다. 1960년대 초에 안나 할프린은 다른 예술가들, 그리고 춤/동작, 예술, 행위예술(performance), 소매틱(somatics), 심리학, 교육 분야들 간에 다리를 놓게 될 획기적인 운동의 선구자들과 함께 협업을 시작한다. 가장 반향을 일으킨 것은 프리츠 펄스(Fritz Perls:

게슈탈트치료 창시자)와의 협업, 모세 펠덴크라이스(Moshe Feldenkrais: 움직임을 통한 알아차림)와의 협업, 칼 로저스(Carl Rogers, 인간중심심리치료)와의 협업, 토마스 고든(융합교육, confluent education)과의 협업 등을 들 수 있다.

**신체와 심리적 주제**

| 신체<br>부분 | 기능 | 심리적 주제 | Reflective Questions |
|---|---|---|---|
| 어깨, 팔, 손 | 잡기, 뻗기, 치기, 움켜지기, 찌르기, 주먹치기, 쓰기 등 | − 어깨: 세상의 무게 짊어지기<br>− 팔과 손: 갈망하는 손 | − 나는 어깨의 움직임에 어떤 정보를 주었는가?<br>− 나의 어깨에 짊어진 삶의 무게는 어떠한가?<br>− 나의 어깨는 어떤 역사를 가지고 있으며 어떤 역사를 새로 쓰고 싶은가? |
| 척추 | 척추의 줄기 속에 들어있는 신경체계가 온몸으로 메시지를 보내도록 신경 섬유를 보호하는 의사소통의 중추이면서 센터.<br>최초의 진화적 운동 발달. | − 삶 속에서 나의 자세<br>− 수축, 확대<br>− 무너짐, 회복 | − 나는 어떻게 무너지는가?<br>− 나는 어떻게 회복하는가?<br>− 나의 자세는 삶에서 어떠한가?<br>− 나의 삶에 어떻게 이 움직임들을 가지고 갈 것인가?<br>− 나는 어떤 자세를 자원으로 활용하고 싶은가? |
| 다리, 발 | 달리기, 밟기, 걷기, 돌기, 떨기, 차기, 올라가기, 내려가기, 다가가기, 멀리가기, 방향 바꾸기, 멈추기, 일어서기 | − 세상 속 어디에 자리 잡기, 뿌리 내리기, 균형 잡기 & 균형 잃기 | − 내 삶의 길 위에서 나는 어떤 태도를 취하며 걸어왔는가?<br>− 내 삶의 길 위에서 나는 어떤 태도를 취하고 살아가고 싶은가? |
| 흉곽 | 자신을 둘러싸주는 뼈 | − 받아들이기(들숨)<br>− 내보내기(날숨)<br>− 열기와 닫기<br>− 보호하기 | − 내 삶에서 어떤 것을 마음에 열고 싶은가?<br>− 어떻게 열고 닫을 것인가? |

| 신체 부분 | 기능 | 심리적 주제 | Reflective Questions |
|---|---|---|---|
| 얼굴 | 감정의 표현, 타인에게 가장 먼저 비치는 부위 | −내가 알고 있는 나 <br> −사회적 존재로서의 나 | −얼굴은 내 삶에서 어떤 기능들을 수행해 왔는가? <br> −얼굴은 어떤 움직임을 즐거워하였는가? <br> −얼굴은 무엇을 표현하고 싶어 하는가? <br> −얼굴에는 어떤 소리들이 담겨있는가? <br> −얼굴에서 숨기고 있는 것은 무엇이 있는가? |
| 골반 | 장기의 수용, 보호 다리, 척추를 세움, 생식, 배설, 생산 | −안정감, 보금자리 <br> −모성, 탄생 <br> −쾌락, 사랑 <br> −감춤, 수치심 | −나의 골반은 어떤 기능을 즐기는가? <br> −골반 작업은 나의 삶과 어떻게 관련되는가? <br> −나의 골반은 어떻게 열고 있는가? <br> −나의 골반은 어떻게 닫고 싶어 하는가? |

## 2. 신체 부분 은유기법(Body Part Metaphor Technique)

신체 부분 은유기법은 인간의 상상과 연상 작용을 이용하여 개인의 각 신체 부분에 기억된 감정과 이미지를 탐색하고, 이를 개인의 삶의 주제와 연결시키는 심신통합 심리치료도구이다.

신체 각 부분들을 은유적으로 사용하는 이유는 실제적 신체와 은유적인 신체의 두 가지 신체를 가지고 있음을 토대로 하고 있다. 즉, 실제적 신체(보편적인 신체생리기능을 지닌 몸)와 은유적인 신체(개인적 의미와 상징을 지닌 몸)의 이 두 층위의 신체가 연결될 때 비로소 치유적이기 때문이다.

우리의 신체를 머리/얼굴, 어깨, 팔/손, 흉곽, 골반, 다리/발 등 각 부분으로 나누어 해부 및 생리적 기능과 그 부분이 개인의 삶과 관련된 은유적 의미를 살펴보는 것으로 이루어진다.

이것은 우리가 삶에서 체험한 신체적, 정서적, 인지적 경험이 신경 대뇌 피질에만 기억되는 것이 아니라 뼈대, 관절, 근막, 근육 속에 그 패턴이 체화되어 기억된다는 신체 심리학의 개념과 몸을 통한 현상학적 존재의미를 추구하는 심리학적 원리가 뒷받침하고 있다.

## 3. 정신운동감각 심상 과정(PKIP: Psycho-Kinetic Imagery Process)

정신운동감각 심상 과정은 안나 할프린이 1960년대 고안한 과정이다. 이 과정은 자각과 이미지 및 감정을 가진 동작을 한 후 이것을 색채 및 형태로 표현한다. 움직임 경험은 자유연상, 자기 탐색 및 자기 발견이 촉진된다. 이때, 청각, 후각, 촉각, 시각적인 이미지를 불러일으키는데 이러한 경험을 분석하거나 환원하지 않고 그림그리기나 글쓰기, 재동작하기 등의 예술은유작업을 통해 의미가 스스로 드러나도록 하는 현상학적 표현예술 작업이다.

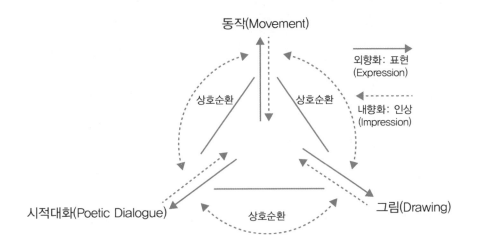

〈PKIP: Psycho-Kinetic Imagery Process 도표(A. Halprin, D., 2006) p. 248〉

## 4. 안나 할프린의 동작 리추얼

A. Halprin(1979)의 동작 리추얼(MR: Movement Ritual)은 신체 심리학에서 중시하고 있는 뼈, 관절, 마이오 파시아를 길게 늘이고, 동작을 자각하게 하거나 힘과 이완 사이의 에너지들을 균형 잡게 하는 원리가 포함되어 있다.

⟨MR, Movement Ritual⟩

MR의 동작은 형태가 어렵지 않으며 쉽고 짧다. 우리는 MR 과정을 통해 개인들의 고유한 특질적 동작을 탐색하여 창조적이고 자발적인 즉흥동작으로 유도할 수 있다. 그런 후 그림을 그리거나 글쓰기를 한다. 이러한 과정은 다른 예술치료 매체들과 연결함으로써 표현예술치료 속으로 통합된다고 볼 수 있다. 이 MR은 타말파 연구소의 동작중심표현예술치료자 양성프로그램의 중요 부분을 차지한다.

- MR의 구성

MR Ⅰ: 누워서 하는 동작이다.

(위 그림은 기본 동작들을 10개로 축약해서 만든 단축형 MR Ⅰ이다.)

MR Ⅱ: 일어선 채 하는 동작이다.

(몸을 들어올리기, 떨어뜨리기, 흔들기, 균형 잡기 등)

MR Ⅲ: 체중을 이동시키는 동작이다.

(공간 걷기, 달리기, 기어가기, 뛰기 등)

MR Ⅳ: MR I, II, III을 섞은 자발적 창조와 발견의 즉흥 동작들이다.

## 5. 치료 단계와 회기 과정

### 1) '세 가지 수준에서의 자각(3 Level's Awareness)' 프로그램

| 신체적 몸 | 감각 지각, 호흡, 신체 자세, 신체 부분들 |
|---|---|
| 정서적 몸 | 불안, 즐거움, 평온, 흥분, 화, 슬픔과 같은 감정들 |
| 정신적 몸 | 계획, 기억, 걱정, 상상하기 그리고 몽상하는 것과 같은 사고하는 과정들 |

프로그램의 핵심 원리는 먼저 신체적 반응과 신체적 표현으로부터 정서적이고 인지적인 감명이 일어나고, 어떤 수준이 다른 수준과 분리되어 있거나 대립되어 있을 때 내면의 영혼과 인간관계의 갈등 상황이 나타나며, 각각 세 가지 수준이 서로 조화를 이루고 결합할 때 알아차림, 창조성, 표현의 수준이 더 높은 범위로 이르게 된다는 원리를 기초로 하고 있다.

각각 무엇이 일어나고 있는가를 살피는 프로그램으로 신체적, 정서적, 정신적 수준의 관계들을 활성화 시키는데 초점을 두고 있다. 신체, 정서, 인지의 세 수준의 상호작용이 창의적일수록 개개인은 더 진실되고 깊어지고 통합될 수 있으며 인간 존재의 근원이, 이러한 특질에 반영될 때보다 초월적이고 영적인 에너지를 얻을 수 있다는 원리이다.

세 가지 수준에서 창조적인 작업이 일어날 때 일상에서 반복되어왔던 습관적인 패턴과 억압하면서 무의식 안에 막혀있던 부분들과 자신의 강점과 약점도 발견할 수 있다. 이런 과정을 통해 삶에서 회피해왔던 표현 영역을 스스로가 인식하고 자각하게 된다. 움직임은 감정을 일으키고 감정을 표현한다. 움직임과 감정의 상호작용은 인지적 이미지와 사고 연상들(thought associations)을 일으키고, 움직임과 이미지의 상호작용은 감정을 일으킨다. 보다 깊게 세 가지 수준과 조화를 이루고 각 단계에서 개개인의 강점과 유연성이 증폭될 때 각 단계 사이에서 에너지의 흐름과 순환관계가 발전하기 시작한다. 이것을 게슈탈트 경험이라 부른다. 세 가지 수준이 모두 함께 작용하거나 통합되면 비로소 진정함과 생기 그리고 현재를 느끼게 되는 것이다.

우리는 깊고 정확한 길을 간직한 몸, 삶의 경험들로 가득한 몸의 이야기를 거의 듣지 않는다. 알아차림과 반응의 세 가지 수준은 정서와 사고가 들어오고 나가는 근거지인 신체적 수준으로 되돌아가도록 우리를 상기시키며, 보다 주의 깊게 듣고 사물에 대한 다양한 감각을 느끼기 위한 근거지인 신체적 수준으로 돌아오도록 상기시킨다.

## 2) 표현예술치료의 5단계 과정(5 Part Process) 프로그램

안나 할프린은 동작중심 표현예술치료에서 어떻게 내적인 경험이 외부 세계로 표현되는지를 탐지하고 그것을 촉진하기 위한 모델을 제공해주는지에 대한 것을 5단계로 구조화했다.

첫째, '발견(identification)'이다. 발견은 내담자의 생활양식이나 증상에 관련된 이슈에 초점을 맞추고 그 이슈를 명명하는 치료 단계이다. 이러한 것들은 하나의 주제에서 드러날 수도 있고 이미지, 정서적 반응 혹은 작업되는 상황에서 나타날 수 있으며 발견은 지배적인 감각이 있는 곳에서 발생하며 반복되는 움직임, 몸짓, 자세를 인식하고 꿈을 회상하거나 그림을 살펴보는 과정에서 발생할 수 있다. 이 과정에서 주제를 표현하여 이름을 짓게 할 수 있다. 발견이 일어나면 알아차림을 유도하고 창의적인 의지를 강화시킨다.

둘째, '직면(confrontation)'이다. 발견의 단계에서 어떤 것에 초점을 두게 되다면 직면 단계에서는 그 자료를 탐색하는 것이다. 표현 행위를 통해서 주제나 주안점을 발견하게 되면 은유적으로 또는 상징적으로 그것이 되어 보거나 그것 안으로 들어가는 행위이다.

셋째, '해소(release)'이다. 직면하고 싶지 않았던 부정적이고 강한 감정들을 배출하거나 내보내기(letting go)를 통해 지니고 있던 부정적 감정의 해소나 감소를 경험하는 단계이다. 정서적, 신체적 해소와 함께 사고와 이미지의 변화가 일어나면서 정신적 영역에서의 해소도 경험하게 된다.

 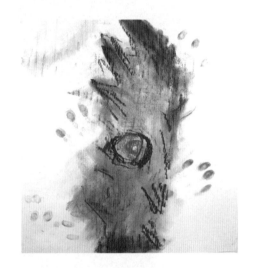

넷째, '변화(change)'이다. 치료에서의 변화는 오래된 충동이 표현되고 해소되어 새로운 충동이 깨어나는 것을 의미한다. 해소와 변화의 결과로 새로운 각인과 함께 개개인이 자신의 삶으로 이끌고자 하는 더 깊고 복합적인 변화를 위한 상징을 제공한다. 이 변화 단계에서는 해소와 변화의 상태를 내적으로 각인시킨다.

다섯째, '성장(growth)'이다. 이전 단계에서 변화되고 통찰된 것들을 내담자의 일상의 삶에서 적용하는 일이다. 변화와 성장의 정도는 생활의 모든 측면에 존재하는 분리와 통합, 긴장과 이완이 지속되는 과정에서 적응하는 능력과 비례한다. 또한, 직면, 해소, 변화의 연습과 반복은 정신세계를 포함하고 있는 순환적인 사물의 본성을 인내, 적응하고 신뢰하도록 하는 근육을 형성시킨다.

'세 가지 수준에서의 자각'과 '치유의 5단계 과정'은 삶과 예술과의 대화를 증진시키고 창조적 예술 탐험이라는 삶으로 안내한다. 위의 프로그램은 언어적인 표현과 함께 동작중심으로 표현하여 무의식에 내재된 것들이 상징성을 띄면서 게슈탈트의 형성과 해소가 즉시적으로 가능하다는 장점을 가지고 있다. 표현 예술 탐험을 통하여 삶의 문제와 투쟁을 의식적으로 직면하기 위한 주제로 발견하고 그것을 해결하거나 제거해야 하는 문제로 접근하기보다는 신체와 이미지를 중심으로 하는 창조적인 과정과 치료를 위한 가치 있는 자원으로 접근해야 한다.

### 3) 공동체 예술로서의 춤

오랜 시간 동안 다양한 방법으로 진행되어 온 공동체 예술로서의 춤은 공동체 내부의 여러 구성원들을 단일 시켜주는 좋은 예술 활동의 표현이다. 부족 국가 이전부터 공동체 간의 집단의식 성숙을 위한 도구로 많이 이용되었다. 한국 춤에 있어서도 예로부터 벼의 성장과 관련해 풍작을 기원하며 모내기철이나 수확기에 춤을 추고 노래를 하며 행사를 하던 세시풍속은 춤이 하늘을 숭배하고 신을 믿는 것을 꾀하는 집단무의 형태로 나타났다. 또한, 개인의 삶에서 타인, 자연과 우주에 이르기까지 서로 공존하는 상생의 예술 행위로 자연스럽게 이어오고 있다.

집단무 형태의 기존의 공동체 춤은 소규모 집단의 유사한 환경에서 생활하는 유사 계급 구성원들이 추는 춤으로서 강한 결속력을 가지고 서로 공감대가 많은 상태에서 집단무를 통해 쉽게 공감대를 형성하는 특징을 가진다. 반면 할프린의 공동체 예술로서의 춤은 서로 공통적 요소가 없는 개개인이 모여 하나의 공동체를 이루고 하나의 주제를 선정함으로써 그 주제로부터 유발되는 개개인의 감정을 개개인의 창의력과 개성을 존중한 방법론인 즉흥을 통한 적극적인 표현 방법을 통해서 각자의 신체적, 정서적, 정신적 몸의 상태를 표출하고 직면하며 해소 과정을 통해 변화하고 성장하는 치유적 과정을 거치면서 기존의 공감 요소가 적고 서로 단절되었던 구성원 간에 감정 교류를 유발한다. 이로써 개개인의 감정을 집단의 감정으로 증폭시키고 이를 통해 최종적으로 모든 구성원이 하나의 일체감을 가지게 한다.

## ◑ 참고문헌

권선향 (2018). 집단무용동작심리치료가 학교부적응. 청소년의 학교적응에 미치는 영향. 명지대학교 사회교육대학원, 석사학위논문.

김영애 (2018). Movement Dialogue 무용동작치료를 통한 다문화 아동의 자기표현 및 사회성 향상 연구. 순천향대학교 건강과학대학원, 석사학위논문.

김진희 (2010). 안나 할프린의 삶과 예술 철학에 관한 연구. 부산대학교대학원, 석사학위논문.

박혜정 (2018). 표현예술치료의 연구동향 분석－1995년부터 2016년까지 국내 학술지 논문 중심으로. 명지대학교 사회교육대학원, 석사학위논문.

서은성 (2017). 무용ㆍ동작치료가 위기청소년의 공감능력과 대인관계능력 향상에 미치는 영향－특별교육이수 청소년 대상으로－. 국제신학대학원대학교, 석사학위논문.

임용자(2004). 「표현예술치료의 이론과 실제」. 문음사

임용자 외 (2016). 「표현예술치료의 이론과 실제」. 학지사.

Halprin, A (2000). 「Dance as healing arts」. 임용자ㆍ김용량 공역 (2002). 「치유예술로서의 춤」. 물병자리.

Halprin, D (2004). 「The Expressive Body In Life, Art and Therapy」. 김용량 외 역 (2006). 「동작중심표현예술치료－움직임, 은유 그리고 의미의 세계－」. 시그마프레스.

# 이미지를 활용한 스토리텔링

# Intro

"로미오와 줄리엣이 떠올라요."

"잔잔한 음악이 흐르고 진한 커피향이 전해지는 것 같아요.
이 카페 안에서 차 한 잔 마시고 싶어요."

"깐깐한 예술가의 작업실 같아요."

"음침하고 철로 된 배경이 마음에 들지 않아요."

"중앙에 있는 나뭇잎들이 너무 인위적이에요."

"나뭇잎들이 있어서 따뜻하게 느껴져요."

"집이구요. 엄마가 가족을 위해 저녁을 준비하고 있어요."

　　　　　　- 한 장의 사진을 보고서 느끼는 것을 표현한 사람들의 말 중에서 -

　　사진을 혼자 보거나, 다른 사람에게 사진에 대해 말을 해줄 때 또는 함께 이야기를 할 때도 한 장의 사진에는 각자의 느낌, 감정 등 스토리가 담겨 있다. 위의 사진을 보고 누군가는 사진 속에서 커피 향을 느끼는가 하면, 또 다른 누군가는 일일 노동자의 고단한 삶을 느끼기도 한다. 어떤 이에게는 한 장의 사진이 따스함과 온화함으로 다가오기도 하고, 또 어떤 이에게는 표현할 수 없는 미묘한 감정을 불러일으키기도 한다.

# 이미지를 활용한 스토리텔링

## 1. 스토리텔링의 정의

　스토리텔링이란 말은 "story－tell－ing"으로 '이야기'와 '말하다'의 합성어이다. 'tell'은 '말하다'라는 의미뿐 아니라 시각, 촉각, 후각 같은 감각부분까지도 포함한다. 여기에 'ing'은 상황의 공유, 그에 따른 '상호 간의 소통'의 의미를 내포한다. 따라서 스토리텔링은 어떤 사건이 진행되고 있는 이야기를 전달하고 공유하고 나누는 입체적인 구술행위와 과정을 말한다.

　스토리텔링은 이야기(story), 청자(listener), 화자(teller)를 중심으로, 청자가 화자의 이야기에 참여하는 이벤트로, 이야기의 내용을 함께 공유하고 해석하며 청자에게 의미를 전달하는 창조적인 과정이라고 볼 수 있다. 이는 자연스럽고 경험적이며 역동적인 상호작용이다. 또한 스토리텔링은 유의미하고 풍부한 언어상황을 이야기(story)를 매개로 다양한 기법을 적용하여 흥미를 느끼게 하고 상상력을 불러일으켜 사고를 확장시키는 방법으로 제시된다.

## 2. 스토리텔링의 원리 및 특성

　스토리텔링은 사건이나 현상 등을 이야기로 구성하여 자신의 세계나 가치관 등에 대한 인식, 사고, 생각, 기억, 감정, 행동들을 정리할 수 있게 도와주는 유용한 도구이며 타인과의 의사소통과 감정 교류를 도와주는 데 강력한 수단이 된다.

　스토리텔링은 원래 영화, 문학, 교육학 등에서 활용되는 방법이었다. 스토

리는 흔히 서사학이나 문학, 영화에서 쓰이는 내러티브 혹은 플롯 개념과 동
일한 개념으로 혼용되어 쓰이기도 하지만, 시간과 공간에서 발생하는 인과관
계로 엮어진 실제 혹은 허구적 사건들의 연결을 의미하는 내러티브나 플롯의
개념과는 구분된다.

옛이야기, 문학작품, 시, 영상 등 내담자로 하여금 이야기를 만들어 내도
록 하는 스토리텔링 과정은 치료의 중요한 요소로 간주되기도 한다. 내담자가
자신의 스토리를 만들어 내는 과정이 반드시 구어적일 필요는 없다. 말, 문자,
동작, 놀이, 극 등 내담자는 다양한 방식으로 이야기를 만들어 낼 수 있다.

인류가 등장한 이래 스토리텔링은 매체의 특성에 따라 다양하게 발현되
었는데 최근에는 영화, 비디오, 게임, 마케팅, 광고, 사진, 명화, 만화 등 효과
적인 커뮤니케이션 방법으로 활용되기도 하고 교육, 비즈니스, 대인관계 등
여러 분야에서 응용되고 있다.

이야기(서사)는 소통할 수 있는 말로 바꾸어 다른 사람에게 사건을 기술하
고 전달하는 행위, 내용, 전략을 아우르는 개념으로, 인과적 구성에 감정을 포
함시키면 더욱 설득력을 갖게 된다.

이야기는 지식축적의 핵심 수단이며 사람들은 중요한 정보는 이야기 형
태로 저장하기도 한다. 더 나아가 이야기는 관계를 맺어주는 기능도 가지고
있다. 즉 이야기의 족보는 인간 욕망의 족보와 마찬가지다. 인간은 이야기 속
에서 의미를 부여하고 인과관계를 찾고 교훈을 찾으며 감정을 공유하기를 좋
아한다.

이야기는 치유적 속성도 지니고 있다. 이야기치료는 이야기의 치유적 요
소를 응용해, 문제 해결을 돕고자 하는 상담의 한 분야이다. 이야기치료에서
상담자는 이야기의 주체가 되는 존재와 문제가 되는 이야기를 구별시키는 작
업에서 출발한다.

이야기치료의 심리적 원리에는 동일시와 카타르시스가 있다. 동일시는 다
른 사람의 일부를 자기 내면에 받아들이는 것으로, 받아들인 주체는 동일시하
는 외부의 인물과 유사해진다. 또한 카타르시스는 이야기를 접하는 동안 같이
울고 웃고 애통해하면서 증오, 분노, 억울함, 복수, 슬픔 등의 내면의 감정이
배출되고 해소되는 것을 의미한다.

## 3. 이미지를 활용한 스토리텔링의 장점

이미지를 활용한 스토리텔링은 내면의 밀봉되어있던 마음속 깊은 무의식적 세계에 침투해 끄집어내기에 효과적이라고 볼 수 있다. 일상에서 사용되는 언어나 대화가 아닌, 인정하고 싶지 않고 꺼내보고 싶지 않아 한계에 봉착되어있던 자신의 감정을 이미지를 통해서 표출해봄으로써 자연스럽게 자신의 내면과 접촉할 수 있다. 이성보다는 감성에 호소하는 측면이 강하기 때문에 자신의 과거를 재인식할 수 있으며 교정적 경험을 통해서 현실을 직시하고 미래를 새롭게 만들어갈 수 있다.

내담자 각자의 스토리(story)는 과거뿐 아니라 현재의 대인관계 및 의사소통과도 직접적인 연관이 되어있다. 예를 들어 '끌림'이라는 하나의 단어를 선택해주고 여러 장의 이미지들 중에서 '선택'을 하게 하여 의식화되지 않은 무의식적인 감정을 만나게 할 수 있다. 그 과정 안에서 일어날 수 있는 역동, 감정, 느낌, 연상되는 것 등을 치료의 과정에서 나눌 수 있다.

이미지를 활용한 스토리텔링은 자신의 내면에 있는 두려움, 슬픔, 불안, 분노 등 표출하기 어려워하거나 억압되어 있는 감정을 지닌 내담자들에게 용이할 수 있다. 언어적으로 표현하지 않고 이미지를 갖고 이야기를 만들거나 쓰고 난 후 함께 이야기를 나누기 때문에 과거를 연상하게 하거나 아직 일어나지 않은 미래나 상상에 맡겨서 자유롭게 자신의 이야기를 표현할 수 있기 때문이다. 특히 영화에 등장하는 캐릭터, 풍경 등 영화 속의 한 장면이나 친숙하게 접할 수 있었던 미술작품인 명화 등도 좋은 도구가 된다.

이러한 과정을 내담자가 직접 체험해봄으로써 보다 긍정적이고 건강한 생각으로 삶을 변화시켜나갈 수 있다고 여겨진다. 스토리텔링을 통해 희망과 가능성을 확장시킬 수 있고 새 힘을 얻어 희망찬 미래를 만들 수 있는 용기를 가질 수 있을 것이다.

# 제2장

# 사진과 스토리텔링

## 1. 사진과 스토리텔링

시퀀스 포토의 창시자 - 듀안 마이클(Duane Michals)

1932년 2월 18일 미국 펜실베니아 주 출생.

1956년 미국의 파슨스 디자인스쿨에서 디자인 전공.

1958년 타임지의 그래픽디자이너로 출발한 후 사진작가로 활동.

1960년대 사진에 시간의 개념을 도입하여 연속사진(Sequence Photo)이라는 그의 독특한 사진세계를 구축했을 뿐만 아니라 일상 소재를 더 현실적으로 표현한 초현실주의 작가로서 현대사진에 획을 그은 사진작가.

듀안 마이클(Duane Michals, 미국의 사진작가)은 상상의 이야기를 연속 사진을 통해 새롭게 창조한 포토 스토리텔링의 선구자로 꼽힌다. 그가 다루는 주제나 소재는 우리가 흔히 꿈이나 일상생활 속에서 경험하는 사건들이 주를 이루기 때문에 그의 이야기에 독자들은 많은 공감을 한다.

그의 연속 사진에 나타나는 상상하기는 주제인 '사랑, 죽음 등의 인간의 욕구에 대한 이야기'를 '상상하는 것'을 말한다. 그 상상의 이야기는 꿈, 공상, 환상, 트라우마 등이 복합적으로 구성된 것이다. 그는 연속 사진에 나타나는 사건들을 꿈속에서 일어나는 것인지 공상을 하면서 상상하는 것인지 구별하지 않고 다양하게 창작하였다.

## 꿈, 공상, 환상, 트라우마의 구분

| 구분 | 내용 |
|------|------|
| 꿈<br>(dream, 夢) | 잠자면서 꿈 꾼 체험이 깨어난 후에도 회상되는 회상몽(回想夢)을 말한다. 수면상태에 들어가면 뇌의 활동상태가 깨어있을 때의 것과 달라지는데, 이때 일어나는 표상의 과정을 '꿈 의식'이라 하며, 깨어난 후에 회상되는 것을 '꿈의 내용'이라 한다. |
| 공상<br>(fancy, 空想) | 공상의 사전적 정의는 '원하다, …하고 싶다, (성적으로) 끌리다(반하다), 라고 생각하길 좋아하다, 홀연히 내킨 생각, 선호' 등이다. 이러한 정의로부터 공상은 인간 욕구의 즉흥적인 반응에 의해 어떤 사물이나 사건의 이미지를 머릿속에서 그리는 것임을 알 수 있다. 비현실적인 것이 특징이지만, 현실이 아니라는 것을 의식하고 있다는 점에서 꿈이나 환상과는 다르다. |
| 환상<br>(fantasy, 幻想) | '현실적인 기초나 가능성이 없는 헛된 생각, (터무니없는) 상상, 환각, 예술작품, 상상하다' 등이다. 정신분석학에서는 인간의 욕구는 오랜 기간 억제받게 되면 무의식에 왜곡된 채로 잠재하다가 꿈이나 환상으로 발현된다고 한다. 환상은 잠재의식의 표현이다. |
| 트라우마<br>(trauma) | 일반적인 의학용어로는 '외상'을 뜻하나, 심리학에서는 '정신적 외상', '(영구적인 정신 장애를 남기는) 충격'을 말한다. |

## 1) 연속사진이란 무엇을 말하는가?

연속사진은 여러 장의 사진들을 연결하여 기승전결의 이야기 형태로 만드는 것을 말한다. 이러한 방식은 기존의 만화나 영화의 콘티와도 비슷한 형식으로 사진과 문학이 합해진 형식이라 할 수 있다. 이 형식은 영화 형태인 포토로망(photo-roman)과 정사진 형식의 연속사진(photo-sequence)이 있다. 포토로망은 정사진들을 연속해서 보여주면서 소리로 설명하는 반면 연속사진은 지면에 여러 장의 정사진들을 연결하여 보여주며 글을 함께 결합하여 이야기를 전개하는 것을 말한다.

듀안 마이클은 연속사진을 최초로 시작하여 사진 내러티브를 만들어낼 수 있는 길을 열었다. 사진과 텍스트를 절묘하게 융합하여 내러티브를 만들어

내기 때문에 그의 연속사진은 연구대상으로도 훌륭한 재료가 되고 있다.

### 2) 사진 내러티브

'Narrative'의 어원은 라틴어 'narro – 말하다, tell'과 'gnarus – 알고 있는, Knowing'이며 '말이나 글로 설명하다'의 뜻을 가지고 있다. 즉 '내러티브'는 말이나 글 등을 통한 설명을 통해 사건의 내용을 알게 한다는 것이다.

정사진을 이용한 내러티브는 크게 3가지 형식이 있다.

첫째, 하나의 사건에 대한 결정적 순간을 포착하여 한 장의 사진에 내러티브를 포함하는 형식이다.

둘째, 한 장의 화면에 여러 장의 사진을 붙여서 다중적 내러티브를 포함하는 포토콜라주 형식이다.

셋째, 여러 장의 사진들을 연결하여 연속적인 내러티브를 보여주는 연속사진 형식을 들 수 있다.

### 3) 이미지 속 시간의 흐름

이미지 속에 시간의 흐름을 잡아내는 기법에는 크게 4가지가 있다.

첫째, 대상을 연속적으로 촬영하여 사진 속에 시간의 흐름을 잡아내는 기법으로 여러 장의 사진을 한 장에 담는 파노라마 사진들의 형태로 나타난다.

시퀀스란 사전적 의미로는 일련의 움직임을 순차적으로 연속하여 촬영한 사진을 말한다. 사진은 한 장으로도 많은 말을 하고 의미를 부여하고 있지만, 몇 개의 신(scene)이 한 시퀀스를 이룬다고 할 수 있다. 사진을 스토리로 만들어 그 스토리가 얼마나 파격적인 힘을 지닐 수 있는지 말해준 이가 앞서 소개한 '듀안 마이클'이다.

둘째, 일어나는 사건을 다큐멘터리 형식으로 재구성하는 기법이 있다. 이는 여러 장의 사진을 있는 그대로 놓아서 서사적 구조를 담아내는 것으로, 일반적으로 순차성을 갖게 되며 사진의 연속체적 속성을 담아내는 동시에 스토리적 구성력을 보여 줄 수 있는 사진작가의 테크닉이 필수적이다.

셋째, 다면적 시각을 사진에 동시에 담아내는 합성기법이 있다. 즉 풍경에 인물을 조합하여 인화하거나 한 장의 사진에 다른 배경으로 삽입하는 방법이 있는데 최근에는 포토샵이나 윈도우즈 그림판 등을 이용해 원하는 대로 합성사진을 만들 수 있기도 하다.

넷째, 동영상을 찍는 방식이 있다. 최근 기술의 발달로 휴대폰, 비디오 카메라, 일반 카메라로도 쉽게 디지털 동영상을 얻을 수 있다. 윈도우즈 무비 메이커 등을 활용하여 찍은 동영상을 간단히 편집하는 것도 가능해져 원하는 글이나 음악을 입히기도 한다.

〈듀안 마이클의 'Boogey Man' 작품〉

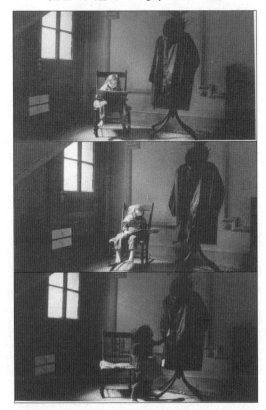

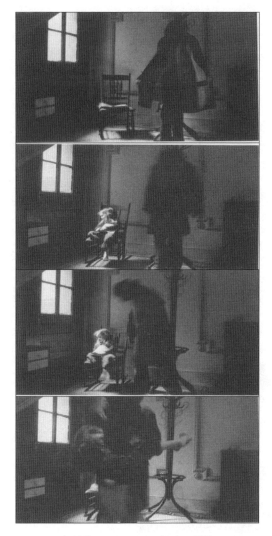

〈귀신(The  Boogey  Man),  1973〉

　　이 작품은 의식을 가진 아이가 평상시 가지고 있던 막연한 공상이 꿈에 빠지면서 엄청난 공포로 바뀌어 가위에 눌리는 과정을 이야기한다. 또한 아무 것도 없는 것(being No-thing)이 공포(being Fear)로 변하는 과정을 표현한 것이다. 여기서는 검은 코트가 서양에서 아이들에게 겁을 줄 때 들먹이는 귀신인 부기맨의 역할을 하면서 어린 소녀의 막연한 공포를 표현하였다.

　　어린 소녀는 책상에 앉아서 책을 읽고 있고 그 옆에는 옷걸이에 걸려있는 검은 모자와 코트가 있다. 왼쪽에는 창문에서 햇빛이 들어오고 오른쪽은 어두워 마음속의 밝은 면(의식)과 어두운 면(무의식)이 있음을 나타낸다면 소녀가 읽는 동화책은 의식(consciousness)의 즐거움을, 검은 모자와 코트는 무의식(unconsciousness)속에 있던 타자로서의 막연한 공포를 상징한다.

## 2. 사진을 통한 스토리텔링의 형태

사진을 통한 스토리텔링의 형태로는 두 가지가 있는데 이미지와 시를 결합하는 방식이 그 하나이다. 이 형식은 광고에서도 많이 쓰인다. 이미지가 지닌 모호성을 시의 상징적 의미와 연결시키는 것이다. 이미지 자극을 기초로 영감을 얻든, 자신의 심상에 맞는 이미지를 찾든, 이 둘을 동등하게 결합시키는 작업이다. 사진이나 시는 될 수 있으면 창작하는 것이 더 치유적이지만 내담자에 따라 기존의 이미지나 시를 가져오는 것도 괜찮다.

〈내담자가 찍은 사진과 인용된 시〉

마치 유령의 도시처럼….

잠시 시간이 허락한 풍경이다.
곧 사라질 풍경이다.
내일 노을은 다시 지겠지만…
오늘의 노을이 시간의 뒤로 사라지는 것이 나는 두렵다.
견딜 수 없이 슬프다….
毒하다…

그리하여
나는 그 毒을 희석시킨다…

.
.
.

추락은 시의 적절한 사라짐에 불과한 것일까?
내가 거기서 휴식이 아닌 감동을 읽는 것은 그리 어려운 일이 아니다.
나는 내 장례를 도피로 위장한다.
나를 책임감 있는 주체로 만드는 이 막힘, 이 조밀함에서
벗어나기 위해 나는 묽어지고 기절한다. 나는 나간다.
그것은 곧 황홀이다.

—사르트르, 〈도피로서의 기절과 분노에 대해〉

또 하나의 형태는 사진을 통한 이야기 구성이다. 여러 사진을 나열하여 '연작 사진'으로 표현되는 형태로 등장인물, 장소, 줄거리 등의 이야기를 만들어본다. 앞서 듀안 마이클의 'Boogey Man 시퀀스 포토그래피'가 그 예가 될 수 있을 것이다.


## 3. 시간, 공간, 표현의 유연성

롤랑 바르트(Roland Barthes, 프랑스 구조주의 철학자, 비평가)와 수전 손택(Susan Sontag, 미국의 소설가, 수필가, 예술평론가, 사회운동가)은 사진에서 가장 기묘하고, 가장 심오한 것 중의 하나가 '사진의 우연성'이라고 하였다. 사진에는 세 가지 우연성이 있으며 그것은 시간과의 우연성, 공간과의 우연성, 그리고 표현의 우연성을 말한다.

첫째, 시간의 우연성은, 대상이 그 시간에 나타나지 않았다면 선택될 수 없다는 것이다.

둘째, 공간의 우연성은 대상이 그 공간에 존재하지 않았다면 찍을 수 없다는 것이다.

셋째, 표현의 우연성은 대상을 노출한다고 해도 이미 시간과 공간을 초월한 과거이기 때문에 원래모습과 다른 어떤 모습으로 나타날 개연성이 크다는 것이다.

사진은 어떤 대상의 시간과 공간을 선택한다. 그 시간, 그 공간, 그 대상이 아니라 해도 반드시 어떤 대상의 시간과 공간을 선점한다. 이 선점에 선택이 따른다. 마치 숲 속의 두 갈래 길처럼 어느 하나를 선택하게 된다. 때문에 하나가 우연이면 다른 하나도 우연이다. 하나가 필연이면 다른 하나도 필연이다. 사진의 우연과 필연은 선택적으로 존재한다. 사진의 우연성은 선택한 시간과 공간과 대상에 대한 가치다. 그것은 사진가의 찰나와 선택의 가치로 전환된다. 이런 가치 때문에 사진의 우연성이 큰 힘을 발휘할 때가 많다.

　　삶에 예기치 않은 변화가 일어날 때를 생각해보면 그 상황에 잠식되어있
거나 이성적으로 판단을 할 여유가 없었을 것이다. 모든 일들을 우리는 외면
하고 그냥 지나쳐 버리거나 사소한 일들로 여겼을 것이다. 별 의미가 없는 것
이라 여겨졌던 것들을 떠올려보면 그것에 담겨있는 의미를 깨닫게 될 것이다.

　　삶은 숨을 쉬고, 밥을 먹고, 잠을 자듯 일상으로 여겨지지만 매 순간을 소
중히 여기고 살아있음을 감사하며 살아가야하지 않을까 싶다. 모든 것을 이해
하려고 한다고 해서 이해가 되지 않고 결코 이해할 수 없겠지만 더 나은 것으
로, 더 나은 방향으로 가고 있음을 선물처럼 받아들였으면 한다.

　　가령, 우주와 생명의 본질을 나의 언어로 이야기하거나 설명할 수 있을까?

　　그저, 나란 존재가 고독해하거나 두려움이나 허무에 빠지지 않고 우주 속
에서 때론 역사 속에서의 내 生의 의미를 찾을 수 있을까? 우주는 매 순간 우
연한 일들을 일으켜 해답을 보내고 있을지 모른다. 어쩌면 우연은 신이 겸손
을 가장해서 우리에게 보내는 신호이지 않을까?

## 4. 우연과 무의식

　　사람은 누구나 일상생활에서 자신만의 독특한 정서반응을 보인다. 이러한
정서반응들은 한 사람의 성격으로 발현되고 특별한 일이 없다면 일생동안 유
지된다. 자신이 가지고 있는 이런 여러 가지 요소들은 어디서부터 온 것일까?
원래 자신의 것이기는 한 것일까?

　　프로이트는 인간의 정신활동의 대부분은 무의식적으로 작동한다고 하면
서 심지어 의식 활동의 상당 부분조차 의식이 모르는 힘에 매개되어 의식이
지각하지 못하는 방식으로 작동한다고 하였다. 이러한 무의식적 사유구조를
우리는 편의상 우연으로 부르고 있을지도 모른다.

• 무의식에 억압된 것이 이미지로 선택되는 것에 대한 내담자 A인의 사례

사진치료 워크샵 중 '상징적 이미지 사진'을 고를 때였다. 무언가에 강렬히 이끌리듯 선택한 사진. 보자마자 나도 모르게 신체적 반응이 있을 정도로 무언가 맹렬히 싫었다.

거기에 떠오르는 단어를 생각해 낸 것이 '불온'이었고 내가 원하는 것은 '안전'이었다. 누군가 나에게 이렇게 물어왔다.

"왜 불온인가요?"

"무언가 전복될 것 같은, 곧 어떤 가장된 평온이 깨질 것 같은 느낌이라서요."

"그럼 불안이라든가.. 뭐 이런 단어도 있지 않아요?"

"…"

더 이상 말하고 싶지 않았다. 설명할 수도 없고, 나도 몰랐기 때문에 그냥 단어를 잘못 선택한 것쯤으로 하자고 생각했다. 중요하지 않았으니까.

그런데 그 후로 순간순간 의문이 들었다.

왜 하필 '그 사진'이었으며, 하필 '불온'이었으며, '안전'이었을까?라는 의문이 항상 머릿속에 떠다녔다. 평소에 좋아하지도 않았던 패턴의 그림, 입 밖에 내지 않는 단어들… 안전이라니… 당시에는 내 지나온 삶속에서 연결고리들을 찾을 수 없었기에 물음표로 남아 있었다.

또 하나의 의문,

사진을 고를 때마다 직접 대상이 나타나는 이미지보다는 어딘가에 투영된 사진을 선택하는 나를 보게 되었다. '허상'이 부서지더라도 '진짜'는 남아있으니 오히려 안전하다는 이상한 논리였다. 다른 이미지를 선택해보려 노력해도 잘 되지 않았다.

사진치료 워크샵에서 선택한 이미지들은 결과적으로 내 무의식을 들쑤시며 내게 여러 가지 의문을 남긴 채로 마치게 되었다.

그 이후 약 8년간의 정신분석을 통해 나의 불안과 죄책감의 저 끝에는 박해불안이 있었다는 것을 알게 되었다. 멜라니 클라인은 이 박해불안을 자기 자신이 공격받고 파괴되는 공포를 지닌 속성이라고 설명하였다.

스파이와 레지스탕스가 되고 싶었고, 마음속에서는 항상 전쟁영화가 상영되는 이유가 연결되면서 그동안 내가 볼 수 없었던 패턴을 바라볼 수 있게 되었다. 박해불안에 대한 방어로 모든 외부대상들을 위험하게 지각하며 계속 박해환상을 만들어왔던 것이다. 나의 아버지가 엄했던 것은 사실이지만 내가 지각한 현실은 박해불안이 덧입혀져 더 지독하게 느

껴졌을 것이다. 나를 두렵게 하고 질식시키는 권력을 언젠가 뒤엎고 싶은 강렬한 마음, 다시 그 마음에 대한 죄책감…

이러한 것들을 알게 되면서 의문들이 풀리기 시작했다.
내가 의식적으로는 도저히 알 수 없는 것들이 이미지로 선택되어졌던 것이다.

잊고 있던 기억이 떠올랐다!
제목은 '여명'이었지만 도대체 해의 기운은 느껴볼 수 없는 그림. 내가 선택했던 상징적 사진은 내가 고등학교 시절 학교에 큰 행사가 있었는데 학교의 부탁으로 아빠가 그려준 '여명'과 무섭게도 닮아있었다.

어떠한 틀 안에서는 그 틀의 외형을 설명할 수 없다. 그 틀을 설명하기 위해서는 틀 밖에서 설명할 수 있어야 한다. 또한 한계선을 세우기 위해서는 한계선 너머를 역시 알아야만 한다. 그러나 이것이 가능한 일인가? 외적 현실과 내적 현실사이의 소통이 불가능한 것을 단지 '제시'해줌으로써 설명할 순 없지만, 알아차릴 수 있도록 할 수 있는 것이다.
정신분석적 관점을 취하는 학파들은 대체로 언어습득 이전의 경험을 중요하게 생각한다. 아마도 우리가 하게 되는 최초 경험의 흔적이 몸에 그대로 '각인'되어 있기 때문일 것이다. 니체는 의식하려 할수록 역으로 의식에 포착되지 않는 역설에 빠질 수 있음을 이야기한다. 이미지는 우리가 '알고 있지만 생각해보지 않은 것'(Wallin, 2007)에 대한 통찰을 제공해준다. 선택이라고 생각했던 것들이 '어떤 것'에 대한 반사적 반응임을 알아차리는 순간, 진정한 자신에 대해 더 가까이 다가갈 수 있을 것이다.

● 실습 1> 왠지 끌리는 사진 한 장을 선택해오세요.

1) 지금 책상 위에 있는 사진을 보고 떠오르는 단어를 아래에 적어 보세요.

2) 지금 적은 단어를 보고 시작하여 멈추지 말고 계속 쓰도록 하세요. 문장이
   안 맞는다거나, 맞춤법이 틀려도 신경 쓰지 말고 써내려가되 의식을 억압하
   지 말고 쓰세요. 지금 이 순간 의식이 아닌 무의식에서 올라오는 것을 쓰도
   록 하세요.

● 실습 2〉 왠지 끌리는 사진 한 장을 더 선택해오세요.

1) 지금 책상 위에 있는 사진을 보고 떠오르는 단어를 아래에 적어 보세요.

2) 지금 적은 단어를 보고 시작하여 멈추지 말고 계속 쓰도록 하세요. 문장이
   안 맞는다거나, 맞춤법이 틀려도 신경 쓰지 말고 써내려가되 의식을 억압하
   지 말고 쓰세요. 지금 이 순간 의식이 아닌 무의식에서 올라오는 것을 쓰도
   록 하세요.

# ◑ 참고문헌

롤랑 바르트. 김진영 역 (2012). 「애도일기」. 이순.

롤랑 바르트. 김희영 역 (2004). 「사랑의 단상」. 동문선.

롤랑 바르트. 김희영 역 (2002). 「텍스트의 즐거움」. 동문선.

박순기 (2016). 「(사진가 듀안 마이클즈의) 생각을 생각한다」. 이마지네.

수잔 손택. 이재원 역 (2005). 「사진에 관하여」. 이후.

이영문 (2013). 「스토리텔링으로 풀어보는 이야기치료」. 시그마프레스.

지그문트 프로이트. 정장진 역 (1996). 「예술, 문학, 정신분석」. 열린책들.

지그문트 프로이트. 김정일 역 (2003). 「성욕에 관한 세 편의 에세이」. 열린책들.

지그문트 프로이트. 임홍빈·홍혜경 역 (2003). 「정신분석 강의」. 열린책들.

진동선 (2011). 「사진철학의 풍경들」. 문예중앙.

최예정·김성룡 (2005). 「스토리텔링과 내러티브」. 글누림.

# 제8부

# 예술가의 심리

# 제1장

# 삶과 작품으로 본 예술가의 심리

「비비안 마이어, 나는 카메라다」 비비안 마이어 사진의 집대성

'영원한 아웃사이더', '보모로 산 천재 예술가', '예술 세계에서 가장 흥미롭고 강렬한 수수께끼', '불운한 성공'. 기묘하고도 아이러니컬한 수식어구들이 가장 잘 어울리는 사진가 비비안 마이어의 이야기를 담은 책이 한국에 처음 출간되었다.

삶을 마감하기 전까지 아이들을 돌봐주는 보모의 일을 하거나 다른 집에 들어가 살림을 맡아 하며 살아 왔던 비비안 마이어는 40여 년간 거리로 나가 수십만 장의 사진을 찍었지만 그 누구에게도 공개하지 않은 채 생을 마감했다. 그 사진들은 하루에 필름 한 통씩, 적어도 50년을 찍어야 하는 분량의 어마어마한 사진들이다.

그녀의 사진이 SNS를 타고 전 세계인들과 언론의 열광을 받은 건 사후 얼마 되지 않아서였다. 임대료를 내지 못해 경매로 400달러에 거래된 창고의 네거티브 필름 상자들은 가치를 헤아릴 수 없는 미국의 보물이 되었다. 미국, 영국, 독일, 덴마크, 프랑스 등 세계를 순회하며 열리고 있는 사진 전시회는 평단은 물론 일반 대중들의 인기를 모았고 그녀의 미스터리한 인생을 영화화한 <비비안 마이어를 찾아서>는 2015년 아카데미상 다큐멘터리 영화 부문에 노미네이트되는 성공을 거두었다.

「비비안 마이어, 나는 카메라다」책은 그 누구도 알 수 없는 그녀만의 신비로운 삶을 역추적하여 세상으로 끄집어낸 사진집이다. 자신의 모습을 찍은 셀프 포트레이트사진과 더불어 흑백, 컬러 사진을 포함한 사진 중에서 한 권에 235점의 사진들을 담아냈다. 그녀는 자신을 철저하게 카메라 안의 세상으로 불러내 그 안에서 웃고, 울고 하면서 살아왔다. 어쩌면 카메라 안의 세상이 더 편했을 수도 있다.

아래 내용들은 그녀의 삶을 이야기한 몇 마디이다.

비비안 마이어, 사진에 대한 집착에 가까운 열정을 지녔으면서도 은밀한 사생활을 고수했던 한 보모 사진가의 놀라운 이야기, 그리고 조용하지만 날카로운 반향을 불러일으키는 사진들. ─ 오프라 매거진

단 한 번도 노출되지 않았던 사진들이 담긴 이 묵직한 책은 사진가를 꿈꾸는 사람들에게 대단히 의미 있는 선물이다. ─ 뉴욕 매거진

롤라이플렉스 카메라의 대가답게 마이어의 사진 중 가장 강력하고 인상적인 것은 바로 그녀를 응시하고 있는 사람들이다. ─ 가디언

늘 목에 롤라이플렉스를 걸고 있던 보모로만 기억하는 사람들은 그녀가 그토록 대단한 재능을 지닌 예술가였다는 사실에 당혹감을 감추지 못할 것이다. ─ 뉴요커

마이어는 우리에게 영원히 풀지 못할 수수께끼와 20세기 후반을 담은 막대한 유산을 남겼다. ─ 뉴욕타임스

마이어의 사진은 보물이다. 높은 금액적 가치로서가 아니라 역사적 가치로서, 그리고 삶의 이야기로서. ─ 타임스

분명한 점은 마이어가 자신의 작품이 지닌 힘을 잘 알고 있었다는 점이다. 그러나 그녀는 자신의 재능을 감추었다. 그녀가 최고의 작품을 찍을 수 있었던 건 스스로 부여한 익명성 때문이다. ─ 텔레그래프

그녀는 예술가로서의 임무를 한순간도 게을리 하지 않았다. 그녀가 찍은 사진들을 평균으로 계산하면 하루에 필름 한 통씩, 50년 동안 사진을 찍은 셈이다. 그녀의 작품들은 하마터면 묻혀버릴 뻔한 역사적 보물이다. ─ LA 타임스 (출처: yes 24)

## 1. 비비안 마이어의 삶

이름: 비비안 마이어(Vivian Maier, February 1, 1926 - April 21, 2009)

별칭: '비브', '미스 마이어', '비비안', '스파이'

부모: 프랑스인 어머니, 오스트리아인 아버지

출생: 1926년 2월 1일 뉴욕 브롱코스에서 출생

직업: 보모, 간병인

내용

　　큰 키에 마른 체형이었던 비비안 마이어는 어린 시절을 프랑스에서 보냈다. 프랑스의 오트자르의 샹소르와 아시아, 미국에서도 그녀의 행적에 관한 기록이 있다. 1949년 비비안은 첫 사진을 찍기 시작했다. 그녀의 카메라는 셔터 속도, 초점 제어 장치가 없는 카메라 '브라디어 브로니' 가스였다. 늘 헐렁한 남자 셔츠나 유행과는 거리가 먼 블라우스, 단순한 디자인의 중간 길이 치마를 입고, 돌돌 말아 내려 신은 스타킹 그리고 끈을 묶는 튼튼한 신발차림으로 성큼성큼 큰 보폭으로 걸어 다니거나 자전거를 타고 다녔다고 한다.

　　1951년까지 프랑스에서 보내다가 뉴욕으로 돌아와 사진을 찍기 시작한 그녀는 독특한 억양과 강한 자기주장, 직설적이며 무뚝뚝한 성격 탓에 주변인들이 가까이하기를 꺼려하는 이들도 있었지만 또 다른 주변인들은 그녀를 가식 없고 놀랄 만큼 지적인 사람이었다고 평한다.

그녀는 보모로 일하면서 시간이 날 때 마다 틈틈이 자신이 돌보고 있는 아이들의 사진을 찍었다. 특히, 오랫동안 6X6cm 크기의 정사각형 사진을 만들어내는 롤라이플렉스(Rolleiflex)카메라로 사람을, 풍경을, 세상을 담아내었다. 시카고에 정착한 1956년부터 세상을 떠난 2009년 4월 21일까지 평생에 걸쳐 수십 만 장에 이르는 사진을 찍었지만 죽는 순간까지도 자신이 찍은 사진을 그 누구에게도 보여주지 않은 채 생을 마감했다.

생을 마감하기 전까지 그녀는 자신의 물품들과 필름을 살고 있는 공간에 놓을 수 없을 만큼의 양이라 창고에 보관을 하고 있었다. 연체된 창고비로 인해 2007년 압류당했고 그녀의 작품들은 2007년 시카고 북서부 지역의 중고품 경매장에서 존 말루프에 의해 세상 밖으로 나와 빛을 발하게 되었다.

역사 자료를 수집하던 중에 존 말루프는 다량의 프린트, 네거티브 필름, 슬라이드 필름(상당수가 현상되지 않음)과 슈퍼 8mm 필름을 손에 넣게 되었는데 베일에 감춰진, 고독한 사진가 비비안 마이어는 12만장~15만장의 사진을 찍었다고 한다. 그녀는 30년간 계속해서 작품 활동을 하면서 누구에게도 자신이 찍은 사진을 보여주지 않았으며, 남는 시간에는 박스 타입의 카메라 혹은 폴딩, 롤라이플렉스(Rolleiflex), 라이카(Leica)를 목에 걸고 뉴욕과 시카고의 거리를 활보하며 사진을 찍었다. 이제는 성인이 된 마이어가 돌보았던 아이들에 따르면, 그녀는 교양 있고 열린 사고를 품고 있었으며 관대하면서도 무뚝뚝했다고 한다.

그녀의 작품에는 일상 속 사물에 대한 사실적인 호기심과 행인들에 대한 깊은 관심이 들어있다. 표정, 태도, 옷차림, 유행하는 액세서리와 소외계층의 삶, 일부는 몰래 찍은 사진, 또 다른 일부는 실제로 만나, 거리감이 느껴지지 않을 정도로 가까이 피사체를 촬영한 사진이다.

TIP | 미스터리한 궁금증 포인트

Q1. 누구에게 사진을 배웠는가?

추측상 그녀가 사진에 입문하게 된 것은 어머니와 함께 지내던 어린 시절에 '쟌느 제이 버트랜드(Jeanne J. Bertrand)'라는 프랑스의 사진가 집에서 함께 살았다는 점이다. 정확하지는 않지만 4살 정도의 나이라고 한다. 그 시기의 삶을 명확하게 기억할 수 없는 어린 시절이지만, 한 사람의 삶을 움직이게 하는 원동력이 되지 않았을까 싶다. 마이어의 유품 중에서 '쟌느 제이 버트랜드'의 사진이 나오기는 한다.

Q2. 지금처럼 디지털 카메라가 보편화되어 있는 시대에서는 전혀 어색하거나 궁금증을 유발하지 않지만, 비비안 마이어의 시대에 암실을 갖고 있었다는 건 주목할 만하다. 그녀는 어떻게 암실을 갖고 있을 수 있었을까?

의아함을 갖게 한다. 특히, 암실작업이 이루어졌음을 미루어 짐작해보면 누구로부터 배웠는지가 궁금해진다. 인화지는 어떤 것을 사용하였으며 도대체 프린트는 어떻게 했을까? 정방향 프레임 앞의 구도는 어떻게 잡았을까?

Q3. 익명성과 단절은 어떤 의미를 지니는가?

마이어는 자신의 육성으로 녹음테이프를 남기기도 했다. 자립적 고립을 택하면서도 그녀는 왜 이런 것들을 남겨놓았을까? 어쩌면 철저하게 기획된 건 아니었을까?

## 2. 비비안 마이어의 사진

### 1) 비비안 마이어의 컬러 사진

비비안 마이어는 1970년대 초 가볍고 휴대하기 편리한 '라이카 카메라'로 컬러 사진을 찍기 시작했다. 전에 사용하던 '롤라이플렉스'와 달리 '라이카 카메라'는 대상을 눈높이에서 촬영한다. 마이어는 이 새로운 도구를 가지고 타자와 시각적으로 대면하고, 실제의 색상 그대로 세상을 담아내며 자신의 재능을 펼쳐

나갔다. 그녀의 컬러 사진은 흑백 사진과 마찬가지로 독특하고 자유로우며, 심지어 장난기가 넘친다. 마이어는 색채 언어의 독특한 특징들을 다소 우발적으로 탐색하며 자신만의 표현 방식을 만들어갔다. 특히 눈에 띄는 독특한 색을 세밀히 강조하거나, 의상의 부자연스러운 색상 조합을 보여주었으며, 대조되는 색상들을 더욱 부각시키는 등의 방법을 사용해 실제 대상과 유희를 보탰다.

〈비비안 마이어의 사진, 1978〉

〈비비안 마이어의 사진, 1975〉

## 2) 비비안 마이어의 슈퍼 8 영상

마이어는 1960년부터 거리에서 마주친 풍경, 사건, 장소들을 필름에 담기 시작했다. 그녀의 사진 언어와 유사한 방식으로 자신을 둘러싼 세계에 대한 시각적 경험들을 조용히 관찰하며 영상에 담았다. 그 영상에는 내러티브가 부재하고 카메라의 움직임도 없다. 영상적 움직임이라고 할 만한 것은 마이어가 올라 탄 자동차나 전차의 움직임뿐이다. 마이어는 사진이 될 법한 이미지들을 영상으로 담아낸다. 조용히 관찰하다 대상을 직관적으로 발견하면 따라간다. 가까이 다가가는 대신 줌 인을 이용해 대상과의 거리를 좁혀, 군중 속 인물의 손이나 다리와 같은 세밀한 부분이나 자세에 초점을 맞춘다. 마이어의 영상은 경찰에 체포되는 사람이나 토네이도가 휩쓸고 간 장소를 촬영한 것과 같은 기록물이면서, 시카고의 도살장으로 향하는 양들의 기묘한 행진과 같은 관조의 대상이기도 하다.

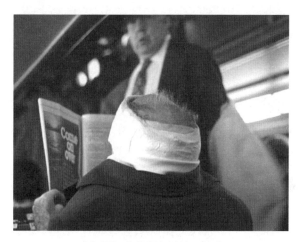

〈비비안 마이어의 사진, 1976〉

## 3) 비비안 마이어와 스트리트 포토그래피(street photography)

〈비비안 마이어가 찍은 거리사진〉

비비안 마이어의 작품은 스트리트 포토그래피 장르에서 새롭게 재조명
된다. 마이어가 스트리트 포토그래퍼의 거장인 게리 위노 그랜드(Garry Wino-
grand), 다이안 아버스(Diane Arbus), 리 프리들랜더(Lee Friedlander)와 구분되는
점이 있다면, 그것은 단 한 번도 자신을 전문 포토그래퍼라 여기지 않았다는
점이다. 즉 누군가에게 자신의 작품을 보여주고자 사진을 찍지 않았다는 것이
다. 따라서 절대적 순수함과 강렬함을 품고 있는 마이어의 작품은 우리를 당
혹스럽게 한다. 이 당혹스러움은 이미지 그 자체를 능가하며 예술계의 오래된
논쟁에 다시 불을 붙이고 있는데, 한 시대, 한 사회에서 예술가로서 인정받는
과정에 대한 모호성, 예술계가 부여하는 작품에 대한 우상화, 그리고 순수한
시각에 대한 인간의 욕구가 그것이다.

당시 거리 사진가들 중에서 여성 사진작가를 찾아보기란 쉽지 않았다. 따
라서 비비안 마이어는 여성이라는 점 하나만으로도 차별화된다. 마이어는 한
번도 자신의 직업을 사진가로 여기지 않았던 것 같지만, 거리에서 찍은 사진
은 사적 동기에서 찍었을지라도 아마추어의 취미 활동과는 일찌감치 거리가
멀었다. 누구도 베일에 숨겨진 그녀의 존재를 몰랐고, 이미지의 극도의 기괴
함, 명백한 무성성(asexuality)은 그녀의 삶과 작품에 제기되는 수많은 의문 중
하나이다. 마이어는 카메라의 '눈'과 주체인 '내'가 연결된 관계 속에서 마치
카메라를 대리인으로 내세워 삶을 살았다고 할 수 있다.

### 4) 비비안 마이어가 사용한 카메라

〈롤라이플렉스 - 비비안 마이어가 사용한 카메라〉

마이어는 따분한 일상의 현실에 숨겨진 틈새와 미묘한 변화들을 찾아내 일상의 사물이 지닌 아름다움을 보여준다. 마이어에게 세상은 잠시 마주친 타자로서 미지와 익명의 대상들이었다. 따라서 카메라를 들이댈 때 대상과 적절한 거리를 취하는 것이 중요했다. 그다지 중요할 리 없는 이야기일지라도 대상들을 주인공이 되게 하는 바로 그 거리. 마이어는 뭔가 불안정해 보이는 구도 속에 대상을 위치시키며, 촬영자의 위치에 머무르지 않고 화면의 경계나 그 너머에 서서 자신을 드러냈다. 그녀는 자신이 보고 있는 장면 속으로 들어가 스스로 대상이 되었다.

마이어의 존재는 반사된 얼굴, 길 위로에 뻗은 그림자, 바디 실루엣으로 이미지의 언저리에 투영된다. 비비안 마이어가 일생 동안 촬영한 수많은 자화상에서는 자아를 찾고자 하는 끈질긴 노력이 엿보인다. 그녀는 이미지 자체보다 사진을 찍는 행위, 무언가를 만들어낸다는 것에서 성취감을 느끼는 듯 촬영이라는 몸짓에 집착했던 것 같다. 거리는 그녀의 극장이었고, 사진은 그녀의 삶의 도구였다.

## 제2장

# 예술가를 바라보는 심리적 관점

## 1. 성격과 성격장애

### 1) 성격(Personality, 性格)

'저 사람은 법 없이도 살 사람이야. 성격 참 좋아', '성격이 독특하다', '그 인간하고는 상종하기도 싫어', '성질이 더러워' 등 우리는 어떤 사람에 대해 말을 할 때, 그 사람의 성격에 대해 빗대어 이렇게 말을 하곤 한다.

성격이란, 한 개인이 환경과 상호작용하면서 나타나는 독특하고 일관성이 있으며 안정된 인지적·정동적인 행동양식을 말한다.

이는 영구적인 형태로 유형화된 개인의 기능을 가리키는 용어로서 타인에 의해 지각된, 개인의 사고, 감정 그리고 행동의 습관적인 방식을 말한다. 정신역동적인 관점에서, 성격은 심리내적 갈등을 조정하는 개인의 습관적인 양식으로 정의된다. 성격은 정체성(identity), 자기(self) 그리고 자아(ego)와 같은 성격의 전반적인 측면을 나타내는 다른 용어들과 나란히 존재하면서도, 그 것들과는 구분된다.

### 2) 성격장애(Personality Disorders)

성격장애란, 어린 시절부터 서서히 발전하기 시작해 청소년기 또는 초기 성인에 공고화된 개인의 병리적인 정서, 사고 및 행동 양식을 말하며 이는 시간과 상황에 걸쳐 안정적으로 지속되며 좀처럼 변하지 않는다. 또한 부적응적인 생각, 정서 및 행동의 패턴이 개인의 삶에 만연하여 본인과 주변 사람들에게 실질적인 고통과 장애를 초래하는 상태라고 할 수 있는데 개인의 생각과 행동의 패턴이 역기능적인 양상을 띠고 경직되면 삶의 중요한 영역들에서 필연적으로 부적응적인 결과가 초래된다.

미국정신의학회의 「정신장애의 진단 및 통계 편람 – 제5판 DSM – 5」(2013)에 의하면 성격장애는 개인이 속해 있는 사회문화적인 기준으로부터 일탈된 생각, 감정, 행동 및 대인관계의 부적응적인 패턴이 삶의 전반적인 상황에서 지속적으로 나타나는 것이다. 이로 인해 사회적·직업적 기능의 손상을 비롯하여 임상적으로 심각한 장애와 고통을 겪게 된다. 이와 같은 성격장애의 문제는 보통 청소년기를 거쳐 조금씩 형성되기 시작하고 개인의 일생을 통해 오랜 시간에 걸쳐 상황의 변화 속에서도 일관적으로 나타난다.

성격장애의 진단기준은, 한 개인이 지속적이면서 일정한 행동으로 인해 현실에 적응하는 기능장애를 초래하게 되는 이상 성격의 양상이라고 볼 수 있다. DSM – IV의 축2 장애로 분류되며, 3가지 군집(A군, B군, C군)으로 분류하고 있다.

① 개인의 지속적인 내적 경험과 행동양식이 그가 속한 사회의 문화적 기대에서 심하게 벗어나 – 4개 영역(인지, 정동, 대인관계 기능, 충동조절) 중 2개 이상의 영역에서 증상이 나타나야 한다.
 - 인지(즉, 자신과 다른 사람 및 사건을 지각하는 방법)
 - 정동(즉, 감정 반응의 범위, 불안정성, 적절성)
 - 대인관계 기능
 - 충동 조절
② 고정된 행동양식이 융통성이 없고 개인생활과 사회생활 전반에 퍼져 있다.
③ 고정된 행동양식이 사회적, 직업적, 다른 중요영역에 임상적으로 심각한 고통, 장애를 초래한다.
④ 양식이 변하지 않고 오랜 기간 지속되어 왔으며 발병 시기는 청소년기, 성인기 초기로 볼 수 있다.

## 3) 성격장애의 분류

A, B, C군의 분류가 연구의 교육적 측면에서는 유용할 수 있지만 한계를

인정해야 한다. 왜냐하면, 타당성이 지속적으로 입증되지 않았다는 점이다. 또한, 서로 다른 집단에 속하는 성격장애가 동반되어 나타나는 것을 일반적으로 볼 수 있다.

> A군 성격장애: 사회적으로 고립되고 기이한 성격
> - 편집성, 분열성, 분열형
> B군 성격장애: 정서적이고 극적인 성격
> - 반사회성, 연극성, 경계선, 자기애성
> C군 성격장애: 불안하고 두려움을 많이 느끼는 성격
> - 강박성, 의존성, 회피성

• A군 성격장애

① 편집성 성격장애

편집성 성격장애의 주요 특징은 불신과 의심이다. 이들은 타인의 동기를 악의적으로 해석하는 경향이 있다. 이런 양상은 성인기 초기에 시작해서 다양한 상황에서 나타나는데 내담자들은 충분한 근거 없이 타인들이 자신을 착취하고 해를 끼치고 기만한다고 믿고 있다. 또한 근거가 명확하지 않아도 다른 사람들이 자신에 대해서 음모를 꾸미고, 아무 이유 없이 자신을 공격할 것이라고 의심한다. 이들은 충분한 근거도 없이 다른 사람이 자신을 깊이 돌이킬 수 없을 정도로 상처를 주었다고 느낀다. 타인의 신뢰에 대한 근거 없는 의심에 사로잡혀 있어서 그들의 행동을 미세하게 관찰하여 자신에게 악의적 동기가 없는지를 살핀다.

편집성 성격장애는 어떤 정보가 자신에게 나쁘게 이용될 것이라는 두려움 때문에 다른 사람에게 비밀을 털어놓거나 다른 사람들과 가까워지는 것을 꺼린다. 다른 사람들이 도와주겠다는 호의를 베풀면 자신이 그 일을 충분히 혼자서 못하고 있다고 비난받는 것이라고 생각한다. 이들은 지속적으로 다른 사람에 대해서 원한을 품고, 자신이 받았다고 생각하는 모욕, 상처, 경멸에 대해 용서하지 못한다. 사소한 경멸도 엄청난 적대감을 불러일으키고 적대적 감정은 오랫동안 꾸준히 유지가 된다. 이들은 끊임없이 다른 사람들의 악의적인

동기에 대해서 주의를 기울이기 때문에 자신의 성격, 명예 등에 공격을 당해왔고 다른 여러 방법으로 경멸을 받아왔다고 느낀다. 모욕을 받았다고 느끼는 순간 바로 반격을 하고 화를 덜컥 내기도 한다. 이들은 병적으로 질투하고 배우자 등에게 반복적으로 의심한다. 이들은 배신당하지 않기 위해서 친밀한 관계를 완벽하게 통제하기를 원하고 끊임없이 배우자나 애인의 소재, 행동, 의도 그리고 정조에 대해서 질문하고 시험한다.

### ② 분열성 성격장애

분열성 성격장애의 특징은 친밀함에 대한 욕구가 부족하고 친밀한 관계를 만들 수 있는 기회에 대해 무관심하며 가족이나 집단의 일원이 되는 것에서 오는 만족감을 느끼지 못한다. 이들은 사람들과 함께 지내기보다는 혼자서 지내는 것을 더 좋아한다. 종종 사회적으로 고립되고 혼자서 하는 활동이나 취미를 선택한다. 다른 사람과 성적 경험에 대한 관심이 거의 없고 감각적, 신체적, 대인관계 경험에서 즐거움을 누린 경험이 거의 없다. 이들은 일차 친족 이외의 친한 친구들이나 측근이 없다. 분열성 성격장애에 속하는 이들은 종종 다른 사람의 칭찬이나 비난에 무관심한 듯이 보이고 그들이 자신에 대해서 어떻게 생각하는지에 대해서 별로 신경을 쓰지 않는다. 이들은 사회적 관계의 정상적인 미묘한 차이를 잘 알아차리지 못하고 사회적 신호에 적절하게 반응하지 못하여 대인관계에 서툴고, 피상적이며 자신에게만 몰두하는 사람으로 보인다. 특징 없는 외모에 눈에 띄는 감정적 반응이나 상호 교환적인 몸짓이나 미소나 고갯짓과 같은 얼굴 표현을 보이지 않는다. 이들은 좀처럼 분노나 기쁨과 같은 강한 감정을 느끼지 않는다고 말한다. 제한된 정동을 표현하고 냉정하고 냉담하게 보인다. 그러나 매우 특별한 환경에서는 이들도 최소한 순간적이나마 그들 자신을 드러내는 것에 편안함을 느끼기도 하고 그들의 특히 사회적 관계화 관련된 고통스러운 감정을 인지하기도 한다.

### ③ 분열형 성격장애

이상한 믿음, 마술적 사고에 집착하고 그로 인해 독특한 행동을 한다. 이들은 관계 맺기를 굉장히 불편해하고 인지 및 지각의 왜곡, 행동의 괴이성으로 구별되는 사회적 및 대인관계 결함의 광범위한 형태로, 성인기 초기에 시작되며 여러 상황에서 나타난다. 미신이나 초자연적 현상에 몰두하거나 미래의 일에 대해 예지할 수 있고 다른 사람의 마음을 읽을 수 있는 특별한 능력이 있다고 믿는다. 또한 다른 사람을 통제할 수 있는 마술적 힘을 가지고 있고, 이 힘은 직접적으로 사용할 수도 있고 혹은 마술적 의식을 수행하면 간접적으로 이루어진다고 믿는다.

분열형 성격장애를 가진 사람들은 의심을 하고 편집성 사고를 나타낸다. 이들은 모든 범위의 정동과 성공적인 관계를 위해 필요한 대인관계의 신호에 민감하지 않다. 이들은 특이한 기행증, 부적절한 옷차림, 통상적 사회적 관습에 대한 부주의함 때문에 괴상한 사람이라고 여겨진다. 대인관계를 어려워하고, 타인들과 관계 맺음을 불편해 한다. 원만하지 못한 대인관계에 대해서 불행하다고 말하지만 이들은 일차 친족 이외에 친한 친구나 측근이 없다. 이들은 사회적 상황에 대해서도 불안해하지만 자신은 타인들과 다르고 어울리고 싶지 않기 때문이라고 느낀다.

- B군 성격장애
① 반사회성 성격장애

사회적인 규범, 관습, 규칙을 무시하고 타인의 권리와 안전을 신경 쓰지 않으며 거짓말, 무책임한 행동, 폭력적인 모습을 보이지만 일반 사람들과 달리 죄책감을 느끼지 않는다. 주요 특징은 다른 사람들의 권리를 무시하거나 침해하는 지속적인 행동 양상을 보이며 아동기나 성인기 초기에 시작해 성인기까지 지속된다. 반사회성 성격장애는 사이코패스라고 명명되기도 한다.

반사회성 성격장애는 법적 행동에 관련된 사회적 규범에 맞추지 못하고, 재산을 파괴하거나, 다른 사람을 괴롭히고, 물건을 절도하거나, 불법적인 일을 지속적으로 추구하는 등의 행동을 반복한다. 이들은 개인적인 이익이나 쾌락을 얻기 위해서 자주 거짓말과 속임수를 사용한다. 반복적으로 거짓말을 하고, 가짜 이름을 사용하고 사기를 치거나 아픈 척 꾀병을 부리기도 한다. 충동적으로 결정을 내리고 그 결정이 다른 사람이나 자신에게 미치게 될 결과에 대해서는 전혀 고려하지 않는 행동을 보인다. 이때문에 이들은 갑자기 직업, 거주지 혹은 연인 관계 등 무책임하고 현실적인 경제적 책임감이 없다.

### ② 경계선 성격장애

대인지각, 자기상이 불안정하며 정체감에 혼란을 느끼며 정서가 지나치게 불안정해 충동적이고 분노조절이 어렵다. 주요한 특징은 대인관계, 자아상 및 정동의 불안정성과 현저한 충동성이 성인기 초기에 시작되며 광범위한 형태로 여러 상황에서 나타난다는 것이다.

경계선 성격장애들은 실제적 혹은 상상 속에서 버림받지 않기 위해 미친 듯이 노력한다. 이 내담자들은 환경적 상황에 매우 민감하다. 이들은 실제적으로는 한시적인 이별을 해야 하거나 계획을 변경해야만 하는 상황을 직면하면 버림받을 것에 대한 강렬한 공포감과 부적절한 분노를 경험하게 되는데, 이런 상황은 자신이 버림받는 것은 자신이 나쁘기 때문이라고 믿고 있기 때문이다. 버림받는 것에 대한 공포는 혼자 있는 것을 견디지 못하고 꼭 다른 사람이 자기 주변에 있어 주기를 원하는 것과 관계되어 있다. 이들은 미래의 보호자나 애인이 될 사람을 한두 번 만나고서 이상화하고, 함께 더 많은 시간을 보낼 것을 요구하고, 관계의 초기에 사적인 내용까지도 공유할 것을 요구한다. 그러나 이들은 어떤 사람이 자신을 충분히 돌봐 주지 않고, 충분히 주지 않고, 충분히 '자신을 위해 있어 주지' 않는다고 느끼면 이상화하던 태도에서 순식간에 폄하하는 태도로 돌변하기도 한다. 다른 사람들에 대한 관점이 이상화와 평가절하 양극단을 순식간에 오고가는데, 때에 따라 조력자가 되거나 잔인한 체벌을 하는 자이다. 경계선 성격장애 내담자들은 현저한 기분의 반응성으로 인한 정동의 불안정을 나타낸다. 기저의 불쾌 기분은 분노, 공황 혹은 절망에 의해 장애를 받기도 하지만 행복이나 만족감에 의해 호전되지는 않으며 만성적인 공허감으로 고통을 받는다. 쉽게 지루해하고 늘 뭔가 할 일을 찾아다닌다. 화를 조절하지 못하고 분노를 표출한다. 그런 후에는 수치심과 죄책감을 느끼고 이때문에 자신이 사악하다고 생각하게 된다.

### ③ 연극성 성격장애

사람들에게 관심을 받기 위해 과장된 행동을 하며 겉모습에 지나치게 신경을 쓰며 감정 표현이 극적이다. 주요한 특징으로는 주의를 끄는 행동을 하거나 과도한 감정선을 보인다. 어느 곳에서든 자신이 관심의 중심에 있어야하고 그렇지 못하는 상황에는 불편해하거나 자신이 인정을 받지 못한다고 느낀다. 적극적이고 극적으로 자신에게 관심이 모이도록 열정적인 태도와 행동을 하고 새로 만난 사람을 매혹시키기도 한다. 연극성 성격장애는 연애 감정을 느끼는 대상뿐만 아니라 일과 관련되거나, 사회적 관계, 전문가적 관계에서도 나타나는데, 사회적 맥락에서 적절한 수위를 벗어난 양상을 띤다. 감정이 빠른 속도로 변화하고 피상적으로 표현된다. 이 내담자들은 자기 극화, 연극성, 과장된 감정 표현이 특징적이다. 이들은 다른 사람들을 지나치게 믿는데, 그들의 문제를 마술적으로 해결하는 강한 권위적 인물에 대해 더욱 그러하다. 이들은 육감을 사용하고 신념을 빨리 받아들이는 경향이 있다. 내담자들은 관계를 실제보다도 더 가깝다고 생각해서 한 두 번 만난 이들도 친밀한 친구관계라고 여긴다.

#### ④ 자기애성 성격장애

　자신의 중요성을 지나치게 자각하며, 성공, 권력, 우월함 등에 집착한다. 자신을 특별하게 여기며 타인들에게 특별한 대우 받기를 요구하거나 복종을 기대한다. 주요 특징으로는 과대성, 숭배 요구, 감정이입의 부족이 광범위한 양상으로 여러 상황에서 나타난다. 자신의 능력을 과대평가하고 성취를 과장하고 잘난 척하고 허세를 부린다. 이들은 무한한 성공, 권력, 명석함, 아름다움, 이상적인 사랑과 같은 공상에 몰두하고 있다. 이들은 오랫동안 기다려 온 숭배와 특권에 대해서 끊임없이 생각하고 자신을 다른 유명하거나 특권을 가진 계층과 필적한다고 생각한다. 이들은 특별하고 높은 지위의 사람들만이 자신을 이해할 수 있고 그런 사람들과만 관계해야 한다고 생각하고, 자신이 맺는 사람들은 '특이하고' '완벽하고' '재능을 타고난' 사람들이라고 묘사한다. 이들은 자기가 얼마나 잘하고 있고, 어떻게 다른 사람들에게 호의적으로 보이는가에 몰두한다. 이것은 끊임없는 관심과 숭배에 대한 요구로 나타나기도 한다. 대우받기를 기대하고 그렇지 않은 경우에는 당황하거나 분노한다. 타인의 요구나 필요에 대해서는 세심함은 없이, 특권의식만 있다면 다른 사람을 의식적, 무의식적으로 착취하게 된다. 이들은 자신이 원하는 것과 필요하다고 느끼는 것은 그것이 다른 사람에게 어떤 의미인지는 상관없이 가져야 한다고 기대하고 다른 사람이 자신의 목적에 도움이 되거나 자신의 자존감을 강화시켜 줄 때만 그 사람과 친구나 연인 관계를 형성한다. 특별한 권리나 거대한 자원을 빼앗고 자신이 특별하기 때문에 그럴 만한 자격이 있다고 믿는다. 또한, 감정이입이 결여되어 타인의 욕구, 주관적인 경험 등은 느끼거나 잘 인식조차 되지 않는다. 자신의 걱정을 부적절하고 길게 묘사하면서 토론하는 성향이 있지만 다른 사람들이 감정과 욕구를 가지고 있다는 것을 깨닫지 못한다. 자신의 문제와 염려를 이야기하는 사람을 경멸하고 짜증을 낸다. 자기애성 성격장애 내담자들은 자신들의 말이 만드는 상처에 대해서 인지하지 못한다. 다른 사람을 질투하고 또한 다른 사람이 자신을 시기하고 있다고 믿는다. 이들은 다른 사람들의 성공이나 재산을 시기하고 자신이 그러한 성취, 숭배, 특권을 받는 자격이 더 있다고 생각한다.

• C군 성격장애
① 회피성 성격장애
　부정적인 평판을 두려워하며 굉장히 예민하다. 사회에서 부적절감이 심해서 대인관계를 꺼리며, 관계해야 할 상황에서는 자신의 감정을 보이지 않는다. 회피성 성격장애의 주요 특징은 사회관계의 억제, 부적절감, 그리고 부정적 평가에 대한 예민함이 광범위한 양상으로 나타나고, 이는 청년기에 시작되며 여러 상황에서 나타난다. 비판이나 거절, 인정받지 못함 등 때문에 중요한 대인관계가 관련되는 직업적 활동을 회피한다. 직장에서 승진의 기회가 있어도 이들은 거절하는데, 그 이유는 새로운 책임 때문에 동료들에게 비난을 받을 것이라고 생각하기 때문이다. 자신을 좋아하고 비판 없이 받아들여질 것이라는 확신 없이는 집단 활동에 참여하지 않는다. 이들은 자제력을 가지고 행동을 하고 자신에 대해서 이야기하는 것을 어려워하고 노출되고 조롱이나 수치를 당할 것에 대한 두려움 때문에 친밀한 감정을 자제한다. 이 내담자들은 사회적 상황에서 비판을 받거나 거절을 당하는 것에 집착하기 때문에 쉽게 그러한 반응을 감지한다. 만약 다른 사람이 조금이라도 인정을 하지 않거나 비판을 하면 이들은 심하게 상처를 입는다. 이들은 수줍고 조용하고 억제되어 있고 눈에 띄지 않는 성향을 보이는데 이것은 주목을 받는다는 것을 모멸을 당하거나 거절을 당하는 것이라고 생각하기 때문이다. 자신이 무슨 말을 하든 다른 사람들이 그것을 '틀렸다'고 볼 것이라고 믿기 때문에 아무 말도 하지 않는다. 새로운 대인관계 상황에서 어색해하는데 그들이 스스로 부적절하다고

느끼고 자존감이 낮기 때문이다. 특히 낯선 사람과 대인관계를 해야 하는 상황에서 자신의 사교 능력과 인간적인 매력에 대한 불확실성이 더 두드러지게 나타난다. 이 내담자들의 몇몇은 옷을 적절하게 입지 못해서 당황스러움을 보일까봐 두려워서 면접을 취소하기도 한다. 미미한 신체적 증상이나 다른 문제들을 핑계로 새로운 활동을 회피한다.

### ② 의존성 성격장애

다른 사람들에게 보호받기를 원하고, 보호받기 위해서 자기 자신을 낮추거나 순종적인 모습을 보인다. 이들의 특징은 타인으로부터 과도하다 싶을 정도의 충고나 확신을 주지 않으면 일상의 결정해야 하는 상황들을 스스로 판단하기에 어려움을 겪는다. 이들은 주도적이기 보다는 수동적이고 중요한 사건이나 결정을 내려야하는 상황에서 그 책임을 타인에게 떠맡기는 행동을 한다. 성인이 되어서도 어떻게 살아가야 하는지, 어떤 직업을 가져야 하는지 결정하는 것을 부모나 배우자에게 의존한다. 청소년 내담자는 누구를 만나야 하는지, 어느 학교를 가야 하는지, 어떤 학과를 결정해야 하는지 스스로 결정을 하지 못한다. 특히, 자신의 중요한 사항들을 결정해주거나 돌봄을 주는 사람에게 분노하거나 화를 내지 못하는데 이것은 그 사람과 소원해지는 것이 두렵기 때문이다. 의존성 성격장애의 특징은 자신감이 부족하고 타인의 돌봄과 지지를 얻기 위해서 지나치게 자기 자신을 희생하고 신체적으로나 언어적인 생채기나 나더라도 꾹 참는다. 이들은 친밀한 관계가 없이는 잘 해낼 수 없다고 믿기 때문에 혼자 있기 어려워하고 누군가를 찾거나 매달리게 된다. 내담자들은 혼자 남는 것에 대한 공포에 비현실적으로 집착한다.

### ③ 강박성 성격장애

강박성 성격장애의 주요 특징은 완벽주의의 성격을 띠고 있다. 매사에 꼼꼼하기 때문에 사소한 것에도 원리원칙을 따지고, 융통성이 없으며 자기 통제에 지나치게 집착하게 된다. 융통성, 개방성, 효율성을 희생시키더라도 자기 통제력을 유지하게 되고 그러다보니 정말 중요한 부분을 놓치기 쉽다. 이들은 친목도모나 휴식을 갖기보다는 일이나 성과 내는 것에 지나치게 열중한다. 잘 쉬지도 않고, 쉬는 순간에도 일거리를 가지고 가야 시간을 낭비하는 것이 아니라고 생각하고 그렇지 않으면 매우 불편해한다. 이들은 지나치게 양심적이고, 소심하다. 자신이나 다른 사람들이 엄중한 도덕적 원칙과 매우 엄격한 성과의 기준을 따르도록 강요한다.

이들은 일을 위임하거나 함께 하지 않으려 한다. 만약 다른 사람이 창의적인 대안을 이야기하면 놀라고 짜증을 낸다. 미래에 재난에 대해 대비하기 위해서는 지출을 엄격하게 통제해야 한다고 생각한다. 또한 자신의 실수에 대해서 가혹하게 자기 비판적이며 권위, 규칙에 엄격하고 규칙을 융통성 있게 바꾸려하지 않는다. 경직되고 완강함을 보인다.

## 2. 심리적 관점에서 바라본 비비안 마이어

### 1) 편집성 성격장애 진단기준(Paranoid Personality Disorder): A군 성격 장애

편집성 성격장애의 핵심 특징은 다른 사람들에 대한 불신과 의심이며, 사람들의 동기를 악의적으로 해석하고 적대감을 갖는 것이다.

- 주요증상- DSM-5 진단기준(4개 이상)
① 충분한 근거 없이 타인이 자신을 착취하고 해치고 속인다고 의심한다(근거도 없이 의심하기 때문에 문제이다).
② 정보가 악의적으로 사용될 것이란 부적절한 공포 때문에 이야기하기를 꺼려한다.
③ 친구나 동료의 성실성이나 신용을 부당하고 끈질기게 의심한다.
④ 다른 사람의 사소한 말이나 사건 속에 자신을 해치려는 의도가 담겨있다고 해석한다.
⑤ 원한을 오랫동안 풀지 않고 경멸당한 것, 모욕당한 일을 오랫동안 풀지 않는다. 남에게 받은 것은 잊어버리고 남에게 상처 입은 것은 복수하고 앙갚음을 하려한다.
⑥ 다른 사람에게는 그렇게 보이지 않는 일도 자신의 성격이나 명성을 공격한 것으로 해석해, 즉시 화를 내거나 반격하려고 한다.
⑦ 이유 없이 배우자나 애인의 정절에 대해 반복적으로 의심한다.

편집성 성격장애가 있는 사람은 융통성이 없고 대처 기술이 부족하다. 그리고 상대방이 화를 내면 자신의 예상이 적중했다는 생각에 의심과 경계는 더욱 강해진다. 영화에서도 보면 아주 커다란 자물쇠로 자신의 방을 잠그고 누군가 자신의 방에 들어갈 수 있다는 의심을 확고히 하고자 책상에 책 같은 것을 자신만이 아는 방식대로 비치해두기도 하고 자기 방을 누군가가 쌍안경으로 보고 있다고 생각을 하는 장면을 본 기억이 있을 것이다.

영화 속에서 우리는 비비안 마이어가 평생 동안 모아왔던 다양한 기록물, 사진, 현상되지 않은 필름들, 옷가지와 악세서리, 오래된 박스들을 볼 수 있다. 그녀가 모은 서류, 문서, 영수증, 지하철과 버스표 등은 어마어마한 편집증적 수집이라고 볼 수 있다.

영화 〈비비안 마이어를 찾아서〉 중에서

## 2) 분열성 성격장애 진단기준(Schizoid Personality Disorder): A군 성격 장애

분열성 성격장애의 특징은 친밀함에 대한 욕구가 부족하고 친밀한 관계를 만들 수 있는 기회에 대해 무관심하며 가족이나 집단의 일원이 되는 것에서 오는 만족감을 느끼지 못한다.

- 주요증상- DSM-Ⅳ 진단기준(4개 이상)

① 가족의 일부가 되는 것을 포함하여 친밀한 관계를 원하지도, 기뻐하지도 않는다.
② 항상 혼자 하는 활동을 택한다.
③ 다른 사람과 성관계하는 것에 관심이 거의 없다.
④ 즐거워하는 활동이 극히 드물다.
⑤ 가까운 친척 외에는 친한 친구나 믿을 만한 상대가 없다.
⑥ 다른 사람들의 칭찬이나 비난에 무관심한 듯 보인다.
⑦ 감정적으로 활기 없고, 무관심하고, 무미건조한 상태를 보인다.

분열성 성격장애에 속하는 이들은 종종 다른 사람의 칭찬이나 비난에 무관심한 듯이 보이고 그들이 자신에 대해서 어떻게 생각하는지에 대해서 별로 신경을 쓰지 않는다. 이들은 사회적 관계의 정상적인 미묘한 차이를 잘 알아차리지 못하고 사회적 신호에 적절하게 반응하지 못하여 대인관계에 서툴고, 피상적이며 자신에게만 몰두하는 사람으로 보인다. 제한된 정동을 표현하고 냉정하고 냉담하게 보인다.

유시민은 콘텍스트(맥락)없는 텍스트의 한 예로 비비안 마이어의 사진을 제시하면서 "사진이 뭔가 말을 하는 것처럼 느껴지는, 그래서 매우 훌륭한 텍스트로 생각되지만 그러나 대체 무슨 말을 하고 있는지 도무지 알아들을 수가 없다"고 말한다. 일반적인 사진작가처럼 '소통'하기 위해서 찍은 사진이 아니었을 것이다. 그녀는 외톨이로 외롭게 살면서 마치 일기를 쓰듯이 아무도 알아주지 않는 삶을 사진으로 기록한 게 아닐까?

### 3) 강박성 성격장애 진단기준(Obsessive Compulsive Personality Disorder): C군 성격장애

강박성 성격장애의 핵심 특징은 지나치게 완벽주의적이고 세부적인 사항에 집착, 과도한 성취지향성, 인색함을 지닌 것이다. 이런 특성으로 인해 융통성, 개방성, 효율성이 상실된다.

• 주요증상- DSM-Ⅳ 진단기준(4개 이상)

① 사소한 세부 사항, 규칙, 순서, 목록, 시간 계획이나 형식에 집착한다(결과적으로 일의 큰 흐름을 놓치고 전체적으로 볼 수 있는 안목을 잃게 된다).

② 과제의 완수를 저해하는 완벽주의이다.

③ 워커홀릭- 일과 생산성에만 과도하게 몰두하여 여가활동과 우정을 희생한다.

④ 도덕, 윤리, 가치문제에서 지나치게 양심적이고, 고지식하며, 융통성이 없다.

⑤ 전혀 가치가 없음에도 닳아빠지고 무가치한 물건을 감정적으로 좀처럼 버리지 못한다.

⑥ 자신의 방식을 따르지 않으면 남에게 일을 맡기지 못하고 결국 자신이 한다.

⑦ 자기 자신과 타인 모두에게 구두쇠처럼 인색하다.

⑧ 경직성과 완고함을 보이므로 유연한 적응이 안 된다.

위 진단기준에서도 보았듯이 강박성 성격장애가 있는 사람은 한 개만 방향이 틀어져있어도 참고 견디기 어렵고, 정리와 정돈에 몰두하고 다른 사람들을 믿지 못해 일을 쉽게 맡기지 못하고 지나치게 인색하며, 물건을 아끼거나 버리기 어려워한다. 영화 속에 나타난 비비안 마이어는 버스표 하나조차도 버리지 않고 모으며, 신문지를 천장까지 쌓아둬서 걸어 다니는 공간조차 편하지 않았다. 효율성과 유연성을 유지하면서 개방적이었다면 아마도 살아 있는 동안에 세상에 자신이 찍은 사진을 내놓지 않았을까?

## 3. 영화 속 등장하는 인물들이 기억하고 있는 비비안 마이어

- 자기 이야기 하는 것을 싫어하고 폐쇄적인 사람
- 중절모, 단말커트, 두꺼운 옷에 부츠를 신거나 군화를 신었다.
- 키가 컸다. 182cm
- 남자 셔츠 입는 걸 좋아했다.
- 나치 행군하는 식으로 걸었다.
- 모터 달린 자전거를 타고 다녔다.

- 영화 속 인터뷰 내용들
- 자물쇠: "절대 열지 말라고 했어요(자기 공간을 안전하게 잠글 수 있도록)."
- 신문지: "신문지를 천장 위까지 쌓아뒀고 걷기다 힘들 정도로 물건들이 쌓여 있었어요, 책상에 책 같은 것을 비치해두었는데 만약 조금이라도 움직였으면 언제 들어왔다 나갔는지 알 수 있도록 했죠. 사람들이 자기 방을 쌍안경으로 보고 있다고도 했어요."
- "그녀는 남자들을 향한 분노 같은 게 있었어요."
- "남자는 모두 너를 망치려고만 한다. 그들을 멀리하고 피해라."
- "누가 만지는 걸 항상 두려워했어요."

이러한 증언들로 볼 때 마이어는 타인의 눈에 띠지 않기 위한 옷차림을 하거나, 남자에 대한 불신 등은 초기 상처가 크다고 볼 수 있다. 그녀는 자기가 통제할 수 있는 공간 안에서 타인과 접촉하지 않고 살아갈 수 있기를 원했던 것으로 보인다.

## 4. 예술로서의 승화

인간은 누구나 완벽하지 않다. 어떤 부분에서건 부족하고, 문제가 있을 수 있으며 강점이 있으면 약점이 있기 마련이다. 인생은 '의식의 나'와 '무의식의 나'가 타협해 형성된 일종의 작품이다. 무의식이 의식에 적나라하게 드러나면, 억압 작용과 초자아의 비난에 의해 불쾌와 불안이 유발된다. 예술은 무의식의 욕망들을 불쾌와 불안 없이 향유하게 하는 귀중한 무엇이다. 그렇기 때문에 심리적 생존을 위해 '안정된 대상' 즉, 영속적 작품을 통해 중간대상을 끊임없이 창조해내는 것이다.

　　정신적 정화 작용은 '승화(sublimation)'로 설명할 수 있다. 이는 방어기제 중의 하나로 자아가 위협에 노출되면 무의식적인 방어기제가 만들어진다. 안나 프로이트(Anna Freud)의 저서인 「자아와 방어기제(The Ego and Mechanism of Defense)」에서 방어기제는 퇴행, 억압, 내사, 반동형성, 소외, 취소, 투사, 자신에 적대시함, 반전, 승화 등으로 나타난다.

　　'승화'란 리비도(libido: 성본능, 성충동)와 타나토스(thanatos: 죽음본능)의 정신분석적인 본능을 반영하는 모티브가 성적이거나 폭력적일 때 일어나는데, 이것이 비본능적인 길로 방향을 전환하는 것을 의미한다.

　　예술가들은 보통 사람이 이용할 수 없는 재료를 얻을 수 있다. 예술은 무의식화의 유년이 체험에 풍성하게 접촉하여 이를 미적으로 형상화 할 수 있는 특이한 존재의 산물이라고 할 수 있다. 이러한 시각으로 바라본 비비안 마이어는 어쩌면 카메라라는 중간 대상을 통해 자신이 갖고 있는 결함을 예술적으로 승화해나간 것은 아니었을까? 세상에 나아가는 방식을 카메라를 통해서 말이다.

# ◐ 참고문헌

권석만 (2013). 「현대이상심리학」(2판). 학지사.

데스몬드 모리스. 박성규 역 (2003). 「인간의 친밀 행동」. 지성사.

데이비드 월린. 김진숙 역 (2010). 「애착과 심리치료」. 학지사.

레이먼드 조 (2013). 「관계의 힘」. 한국경제신문사.

민병배·이한주 (2016). 「강박성 성격장애」. 학지사.

비비안 마이어. 박여진 역 (2015). 「비비안 마이어 나는 카메라다」. 월북.

이훈진 (2016). 「편집성 성격장애」. 학지사.

존 말루프 (2015). 「비비안 마이어: 셀프 포트레이트」. 월북.

지그문트 프로이트. 정장진 역 (1996). 정장진 옮김. 「예술, 문학, 성신분석」. 열린책들.

지그문트 프로이트. 김정일 역 (2003). 「성욕에 관한 세 편의 에세이」. 열린책들.

지그문트 프로이트. 임홍빈·홍혜경 역 (2003). 「정신분석 강의」. 열린책들.


성곡미술관. 비비안마이어의 삶과 사진 자료집.

|저자약력|

## 소 희 정

現 마음과공간 예술심리연구소 대표

한국공연예술치료협회 공동대표 및 수련감독자
한국에니어그램교육연구소 전임교수
한국상담학회 전문상담사, 전문상담교사
한국사진치료학회 회장 및 수련감독자
한국영상영화치료학회 수련감독자

예술심리치료의 이해와 적용

초판발행       2018년 8월 15일
지은이         소희정
펴낸이         안상준

편 집          조보나
기획/마케팅     노 현
표지디자인      권효진
제 작          우인도·고철민

펴낸곳         ㈜ 피와이메이트
              서울특별시 금천구 가산디지털2로 53 한라시그마밸리 210호(가산동)
              등록  2014. 2. 12. 제2018-000080호

전 화          02)733-6771
f a x          02)736-4818
e-mail         pys@pybook.co.kr
homepage       www.pybook.co.kr
ISBN           979-11-89005-39-9   93180

정 가          18,000원

박영스토리는 박영사와 함께하는 브랜드입니다.